Empfehlungsmarketing

Klaus-J. Fink

Empfehlungsmarketing

Königsweg der
Neukundengewinnung

5., durchgesehene Auflage

Springer Gabler

Klaus-J. Fink
Bad Honnef, Deutschland

ISBN 978-3-658-00498-9   ISBN 978-3-658-00499-6 (eBook)
DOI 10.1007/978-3-658-00499-6

Die Deutsche Nationalbibliothek verzeichnet diese Publikation in der Deutschen Nationalbibliografie; detaillierte bibliografische Daten sind im Internet über http://dnb.d-nb.de abrufbar.

Springer Gabler
© Springer Fachmedien Wiesbaden 2000, 2003, 2005, 2008, 2013
Dieses Werk einschließlich aller seiner Teile ist urheberrechtlich geschützt. Jede Verwertung, die nicht ausdrücklich vom Urheberrechtsgesetz zugelassen ist, bedarf der vorherigen Zustimmung des Verlags. Das gilt insbesondere für Vervielfältigungen, Bearbeitungen, Übersetzungen, Mikroverfilmungen und die Einspeicherung und Verarbeitung in elektronischen Systemen.

Die Wiedergabe von Gebrauchsnamen, Handelsnamen, Warenbezeichnungen usw. in diesem Werk berechtigt auch ohne besondere Kennzeichnung nicht zu der Annahme, dass solche Namen im Sinne der Warenzeichen- und Markenschutz-Gesetzgebung als frei zu betrachten wären und daher von jedermann benutzt werden dürften.

Lektorat: Manuela Eckstein

Gedruckt auf säurefreiem und chlorfrei gebleichtem Papier.

Springer Gabler ist eine Marke von Springer DE. Springer DE ist Teil der Fachverlagsgruppe Springer Science+Business Media
www.springer-gabler.de

Vorwort zur fünften Auflage

In der ersten Auflage war noch die Rede davon, dass das Empfehlungsmarketing in den letzten Jahrzehnten einen etwas negativen Anstrich erhalten habe. Davon kann mittlerweile keine Rede mehr sein. „Die Ehrenurkunde, die der Kunde dem Verkäufer verleiht, ist die Empfehlung" – dies bestätigen mir während meiner Vortragsreisen immer wieder Vertriebsleiter und Verkäufer im deutschsprachigen Raum.

Diese Ehrenurkunde erhält derjenige Verkäufer, der mit Hartnäckigkeit, Ausdauer und Fleiß den Verkaufserfolg anstrebt und das Empfehlungsmarketing in eine Erfolgsstrategie einbettet, die vier Faktoren umfasst:

- die Persönlichkeit und Einstellung des Verkäufers,
- die Identifikationsbereitschaft mit seiner Tätigkeit, seinem Produkt und seinem Unternehmen,
- die Kompetenz zur konsequenten Marktbearbeitung und
- die verkäuferischen Fähigkeiten.

Meine Überlegungen zu den vier Erfolgsfaktoren sind bereits in die vierte Auflage eingeflossen. Die Empfehlung gehört natürlich zu den „verkäuferischen Fähigkeiten". Dort nimmt sie zwar eine wichtige Sonderstellung ein, ist aber ein Punkt von vielen. Ihre volle Wirkungskraft entfaltet sie, wenn sie in jene vier Erfolgsfaktoren eingepasst ist und der Verkäufer an der Weiterentwicklung *aller vier Faktoren* arbeitet. Dann entwickelt er sich zum Top-Seller, dann entsteht Top-Selling.

Auch in Zeiten von Social Media ist die Bedeutung von Empfehlungen ungebrochen. Zwar können Unternehmen sich den neuen Kommunikationskanälen nicht entziehen, aber die lobende Erwähnung Ihrer Person oder Ihres Produkts in einem persönlichen Gespräch wiegt in bestimmten Bereichen stärker als eine beeindruckende Follower-Zahl. Mehr zum Thema Social Media contra Empfehlungsmarketing finden Sie am Ende dieses Buches.

Ich wünsche Ihnen bei der Lektüre und bei der Umsetzung Ihres Empfehlungsmarketings viel Erfolg!

Mit besten Empfehlungen
Ihr
Klaus-J. Fink

Vorwort

Empfehlungsmarketing – ein Thema, das im Bereich Verkauf in den letzten Jahren immer mehr an Bedeutung gewonnen hat. Gut beratene Kunden sind gerne bereit, Empfehlungen auszusprechen. Die Aufgabe des Verkäufers ist es, seine Kunden danach zu fragen. Viele vergessen dieses Potenzial vollkommen, und viele – trauen sich einfach nicht!

Dabei ist Empfehlungsmarketing eine bewährte Form der Neukundengewinnung. Klassische Akquiseinstrumente wie Telefon, Printmedien, Radiowerbung oder Eventmarketing bringen nicht mehr den gewünschten Erfolg, da immer mehr Konsumenten an Reizüberflutung leiden und sich gegenüber diesen Impulsen mehr und mehr abschotten.

Empfehlungsmarketing des dritten Jahrtausends heißt nicht – wie das zu Anfangszeiten noch üblich war –, einige Adressen beim Kunden „abzugreifen" und den Kunden als Erfüllungsgehilfen zur Provisionserhöhung des Verkäufers einzusetzen. Empfehlungsmarketing bedeutet, dass der Empfehlungsgeber einen wichtigen Kontakt mit einem Bekannten, Freund oder Kollegen vermittelt, woraus alle Beteiligten Vorteile ziehen. Gerade bei sensiblen Themen, wie Finanzplanung, Immobilienkauf, erklärungsbedürftige Dienstleistungen im Allgemeinen, möchten sich viele Konsumenten ihren Ansprechpartner nicht über ein anonymes Adressverzeichnis suchen. Meistens hört man sich im Bekannten- oder Kollegenkreis um, mit welchem Anbieter gute Erfahrungen gemacht wurden.

Das professionelle Empfehlungsgespräch wird in den nächsten Jahren einen weiteren wichtigen Qualifizierungsbaustein der verkäuferischen Ausbildung darstellen. Es zielt darauf ab, eine kundenorientierte Empfehlungsfrage formulieren zu können. Weiterhin gilt es, Standardreaktionen wie: „Mir fällt spontan niemand ein" – „Bitte, lassen Sie meinen Namen aus dem Spiel" – „Ich muss erst einmal überlegen, für wen das in Frage kommt" etc. – entkräften zu können und durch einige Fragen zur empfohlenen Person die Qualität zu optimieren.

Der Profiverkäufer des dritten Jahrtausends versteht unter Empfehlungsmarketing nicht das Einheimsen von zehn oder mehr Adressen, sondern er verfolgt die bewährte Regel „Klasse statt Masse"; sein Ziel ist also, zwei oder drei hochkarätige Kontakte zu bekommen, die eine entsprechende Abschlusschance in sich bergen.

Viele Verkäufer hatten die schlechte Angewohnheit, nach dem kurzen Fragen nach einer Empfehlung den „alten" Kunden sozusagen „abzuhaken", ihn nicht ausreichend weiterzubetreuen und ihn auch nicht über den Verlauf des über ihn hergestellten Kontakts zu informieren. In Zukunft allerdings werden Erfolgsmenschen immer stärker an einer langfristigen Kundenbeziehung arbeiten, immer mehr Engagement in eine langfristige Kundenbeziehung einbringen und somit auch fortlaufend an neue Empfehlungen gelangen können. Langfristiges Ziel ist es, einen bestehenden Kunden aus dem Status des Empfehlungsgebers in den Status eines „Multiplikators" zu bringen, der den erkannten/erhaltenen Nutzen in seinem persönlichen Beziehungsumfeld multipliziert/weitergibt.

Auch wenn Empfehlungsmarketing in den letzten Jahrzehnten durch viele Multi-Level-Marketingsysteme einen etwas negativen Anstrich erhalten hat, so erkennen doch auch immer mehr Unternehmen mit hohem Anspruch und hoher Reputation, dass Empfehlungsmarketing in den nächsten Jahren die Methode der Neukundengewinnung darstellt, die betriebswirtschaftlich betrachtet am günstigsten ist und die in Bezug auf ihre Effizienz von keiner anderen Vorgehensweise geschlagen werden kann.

In wirtschaftlich schwierigen Zeiten ist es wichtiger denn je, Kunden nicht nur zu halten, sondern neue Kunden zu gewinnen und diese so zu begeistern, dass daraus bald Stammkunden werden. Die qualifizierte Empfehlung ist die effektivste Form der Neukundengewinnung. Wer diese Erkenntnis schon länger in seiner Verkaufspraxis umsetzt, wird auch in wirtschaftlich schwierigen Zeiten keinen oder zumindest einen geringeren Kundenschwund zu verzeichnen haben. Alle anderen haben die Möglichkeit, sofort in das Thema Empfehlungsmarketing einzusteigen. Mit dem „Königsweg der Neukundengewinnung" sichern Sie auch in schwierigen Zeiten Ihren verkäuferischen Erfolg. Also: Stellen Sie bei Ihrem nächsten Verkaufsgespräch die Frage aller Fragen!

Die erste Auflage dieses Buches ist im März 2000 erschienen. Seitdem hat sich auf dem Feld des Empfehlungsmarketings einiges getan. Und andere Zeiten erfordern vielleicht auch manchmal ein anderes Vorgehen. Die Resonanz auf dieses Buch beweist, dass sich immer mehr Verkäufer intensiv mit dem Empfehlungsmarketing beschäftigen.

Ihnen, liebe Leser, wünsche ich nach der Lektüre dieses Buches zahlreiche neue Geschäftsbeziehungen mit dieser Empfehlungsmethode! Und wenn Ihre Erwartungen an das Buch erfüllt oder sogar übertroffen worden sind, so nutzen Sie doch die Gelegenheit und empfehlen Sie das Buch spontan weiter.

Mit besten Wünschen
Ihr
Klaus-J. Fink

Inhalt

1	**Die klassischen Methoden der Neukundengewinnung**	1
	Telefonmarketing	1
	Mailingaktionen	3
	Direktansprache	3
	Anzeigen und Beilagen in der Tagespresse	4
	Messen und Ausstellungen	4
	Internetauftritt	5
	Hörfunk	5
	Fazit	6
2	**Welchen Stellenwert hat die Empfehlung für die Neukundengewinnung?**	9
	Empfehlung und Referenz – was sie unterscheidet	9
	Die Empfehlung – der beste Weg der Neukundengewinnung	10
	Für welche Verkäufer und für welche Branchen eignet sich das Empfehlungsmarketing?	12
	Der Verkäufer verkauft fünf Dinge	13
	Aktive und passive Empfehlung – der Unterschied	15
3	**Die Angst vor der Frage nach Empfehlungen**	19
	Die Angst vor dem Empfehlungsgespräch verlieren	22
	„Empfehlungs-Meeting" durchführen	22
4	**Die Einstellung des Verkäufers zur Empfehlung**	25
	Das Image der Empfehlung	25
	Empfehlung als Selbstverständlichkeit	26
	Die Empfehlung nur nach Verkaufsabschluss?	27
	Der Empfohlene profitiert mehr von der Empfehlung als der Verkäufer!	28

Wie denkt der Kunde über die Frage nach Empfehlungen? 30
Die vier Erfolgsfaktoren des Spitzenverkäufers 32
Fazit und Check-up 35

5 Empfehlungsmarketing in der Praxis 37
Der „richtige" Zeitpunkt für die Empfehlungsfrage 38
Die Nachmotivation als Sprungbrett für die Empfehlungsfrage 40
Die Frage nach der Empfehlung 46
Fragenkatalog zur Qualifizierung der Empfehlung 54
Der Empfehlungsstammbaum 59
Fazit 65

6 Der Umgang mit Kundenwiderständen 67
Unterscheidung zwischen Vorwand und Einwand 68
Die „Schlüsseltechnik" zur Vorwanddiagnose 69
Die „Selbstbezichtigungsmethode" 73
Die „Unsinnigkeitsmethode" 79
Die vier häufigsten Kundeneinwände und der Umgang mit ihnen 81

7 Die Bearbeitung einer Empfehlung 87
Telefonische Terminvereinbarung mit dem Empfohlenen 88
Nachfassen einer „blinden Empfehlung" 90
Feedback an den Empfehlungsgeber 92

8 Zehn Tipps für ein erfolgreiches Empfehlungsmarketing 95

9 Social Media contra Empfehlungsmarketing 101
Social-Media-Duftmarken setzen 102
Qualität schlägt Quantität 103

**10 Erfolgsfaktoren für professionelles Empfehlungsmarketing
von A bis Z** 105

Sachverzeichnis 113

Der Autor 117

Die klassischen Methoden der Neukundengewinnung 1

Mit Empfehlungen spielend leicht neue Kunden gewinnen.

Die Gewinnung neuer Kunden ist und bleibt für jedes Unternehmen ein zentrales Thema. Selbst bei bester Kundenpflege ist branchenübergreifend ein jährlicher Kundenschwund von ca. 10–15 % zu verzeichnen, der sich kaum vermeiden lässt. Oft steht diese Tatsache im Zusammenhang mit widrigen Umständen, die nicht unbedingt von Seiten der jeweiligen Institution oder des einzelnen Verkäufers beeinflusst werden können. Folglich ist die Akquise neuer Kontakte für das Fortbestehen eines Unternehmens – und für den Erfolg des einzelnen Verkäufers – von zunehmender Bedeutung. Die klassischen Methoden der Neukundengewinnung sind bekannt, müssen aber in den einzelnen Märkten mit steigendem Aufwand immer mehr forciert werden. Kunden sind heutzutage einer ständigen Reizüberflutung ausgesetzt. Dies hat zur Folge, dass sie „zumachen" und immer seltener bereit sind, sich auf Kontaktaufnahmen herkömmlicher Art einzulassen. Die klassischen Strategien der Neukundengewinnung, die seit Jahren breit angewandt werden, werden hier nochmals kurz skizziert, um Ihnen die Vorteile und Chancen, die das Empfehlungsmarketing bietet, zu verdeutlichen.

Telefonmarketing

Das Telefonmarketing hat in den letzten Jahren einen wahren Boom erlebt. Call-Center schießen wie Pilze aus dem Boden, und es werden immer mehr unternehmensinterne Telefonmarketing-Abteilungen gegründet, um den entstandenen Markt möglichst flächendeckend einzunehmen. Mit stetig wachsendem Aufwand werden von Unternehmen Datenbanken eingerichtet und Zielgruppen-Analysen durchgeführt, um bei potenziellen Kunden so effektiv wie möglich eine telefonische Direktansprache durchführen zu können.

Bis vor nur wenigen Jahren lautete die klassische Standardfrage im Akquise-Telefonat eines Angerufenen: „Wie kommen Sie eigentlich an meine Adresse?" Inzwischen jedoch hat sich das Bewusstsein der Bevölkerung in Sachen Datenschutz erheblich verändert. Jedem Verbraucher ist heute klar, dass seine Adresse relativ frei verfügbar ist. So wird der Anrufer immer öfter mit dem leicht genervten Kommentar: „Sie sind bereits der Fünfte, der in dieser Sache bei uns anruft" konfrontiert. Dieser Einwand kann zwar durch entsprechende Anstrengungen überwunden werden, macht aber gleichzeitig deutlich, dass die telefonische Direktansprache in Zukunft eines immer größeren Aufwands bedarf und immer ausgefeiltere Techniken voraussetzt, um einen Erfolg zu erzielen. Bei der Akquise von Geschäftskunden wird es immer schwieriger, die Barriere „Vorzimmerdame" zu überwinden. Ihr kommt eine wichtige Filterfunktion zu, denn ein Chef erwartet von seiner Mitarbeiterin, dass sie in der Lage ist, unerwünschte Anrufer zu selektieren. Die Entwicklung geht also dahin, dass sich durch die steigende Zahl der Anrufe bei dem potenziellen Kunden Abwehrmechanismen ausbilden. Um ein qualifiziertes Telefonat mit dem gewünschten Ansprechpartner führen zu können, sind also immer mehr Wählversuche notwendig. Nicht außer Acht zu lassen sind dabei auch die juristischen Bedenken, die in Bezug auf die telefonische Kaltakquise immer wieder ins Feld geführt werden.

Als Folge dieser Entwicklung hat sich beim Telefonmarketing inzwischen der Schwerpunkt stärker auf die Kundenpflege verlagert. Es werden in erster Linie Spezialaufgaben, wie zum Beispiel Nachfassen nach Angeboten oder Reklamationsmanagement, über das Telefon getätigt. Die Einrichtung einer Kunden-Hotline gilt heute als Standardwerkzeug und erbringt lediglich einen indirekten Nutzen, wenn es um die Anbahnung neuer Geschäftskontakte geht.

Durch diese aktuelle Situation sind die Anforderungen an einen Telefonakquisiteur immens gestiegen. Es sind Mitarbeiter gefragt, die in der Lage sind, am Telefon ein hohes Maß an Authentizität und Integrität zu vermitteln, und gleichzeitig über genügend humorvolle Schlagfertigkeit verfügen, um adäquat auf Standardeinwände zu reagieren. Neben dieser verkäuferischen Fähigkeit ist auch ein Höchstmaß an psychischer Stabilität gefragt, da die Erfolgserlebnisse im Tagesgeschäft zahlenmäßig immer geringer werden. In bestimmten harten Verdrängungsmärkten – wie zum Beispiel im Bereich der Finanzdienstleistung, Kapitalanlagen und der klassischen Assekuranz – ist die Methode der telefonischen Erstansprache schon fast an ihre letzten Grenzen gestoßen. Doch auch in anderen Bereichen wird es für die Mitarbeiter immer wichtiger, ihre Fähigkeiten und Strategien am Telefon ständig zu schulen, um zu den Erfolgreichen des Metiers zu gehören.

Mailingaktionen

Das Thema Reizüberflutung gilt auch für das Direktmarketing: Dessen Glanzzeiten, in denen auf eine Mailingaktion noch Rücklauf- bzw. Responsequoten im Prozentbereich zu registrieren waren, sind vorbei. Im Normalfall wird heute eine Mailingsendung nur noch mit Rückläufern im Promillebereich gewertet. Stellen Sie sich vor: Statistisch gesehen erhält jeder Bundesbürger mehr als einhundert Briefe pro Jahr! Nicht ungewöhnlich, wenn Sie sich einmal den täglichen Inhalt Ihres Briefkastens bildlich vorstellen: Schreiben von Kreditkartenanbietern, Lotteriegesellschaften, Möbelherstellern, Warenhäusern und etlichen anderen Händlern – und das jeden Tag! Oft landen diese Aussendungen ganz einfach ungelesen im Papierkorb.

Um also tatsächlich Kontakte herzustellen, bedarf es eines ausgeklügelten Direktmarketing-Konzepts. Dabei spielen die Gestaltung des Mailings (eventuell mit Follow-up-Mailing), die genau spezifizierte Zielgruppe und das anschließende Nachfass-Telefonat eine entscheidende Rolle. Wenn man ein solches – relativ aufwändiges – Konzept realisiert, ist es in diesem Rahmen durchaus sinnvoll, zukünftig weitere Mailings zu versenden – insbesondere an die Gruppe von Kunden, die mit dem Unternehmen bereits einen positiven Kontakt hatten, zum Beispiel durch eine vorangegangene Präsentation oder ein Terminangebot. Durch ein Mailing bringt man sich beim Kunden auf angenehme Art (immer) wieder in Erinnerung. Es bietet sich an, eine Art „Warmhaltestation" für solche Adressen zu systematisieren und zu pflegen, um seine Kontakte durch regelmäßige schriftliche Informationen oder Angebote aktiv zu pflegen.

Direktansprache

Die klassische Direktansprache sowohl bei privaten als auch bei gewerblichen Kontakten hat seit Jahren, sogar Jahrzehnten schon, kontinuierlich an Bedeutung verloren. Sie wird nur noch in wenigen Branchen privaten Kunden gegenüber praktiziert. Im gewerblichen Bereich ist diese Ansprache inzwischen nahezu aussichtslos, da sie der Arbeitsmethodik eines heutigen Entscheidungsträgers überhaupt nicht mehr entspricht. Dessen Tagesablauf unterscheidet sich grundlegend von demjenigen einer Führungskraft in den 60er- oder 70er-Jahren: Jede Führungskraft, ob in der ersten oder zweiten Ebene, arbeitet heute mit einem Zeitplanbuch oder Palm und hält sich im Normalfall an einen straff organisierten Tagesablauf. In der – ebenfalls kalkulierten – Pufferzeit werden unerwartete eilige Faxnachrichten und E-Mails beantwortet – keine Minute bleibt ungenutzt. Bei diesem Arbeitsklima liegt der größte

Erfolg, den ein Verkäufer mit der Vorgehensweise der Direktansprache erreichen kann, in einer präzisen Terminabsprache mit dem Vorzimmer.

Ein gewisses Erfolgspotenzial mag diese Methode noch für Privatkunden haben, wenn es sich um bestimmte Branchen und Bereiche handelt, zum Beispiel beim Staubsaugerverkauf über Hausbesuche oder bei Weinproben etc. Abgesehen davon gehören die Zeiten der persönlichen und direkten Ansprache der Vergangenheit an.

Anzeigen und Beilagen in der Tagespresse

In der Tagespresse und in Zeitschriften werden regelmäßig Unmengen von Anzeigen geschaltet. Gleiches gilt für Beilagen zum Beispiel in Form eines Flyers oder einer Image-Broschüre mit Postkarte, die zu Rückantworten und Interessenbekundungen einladen. Ihre Zeitung quillt jeden Tag über vor Werbematerial. Die meisten Leser schütteln erst einmal ihre Zeitung aus, um sich dem eigentlichen Inhalt widmen zu können. Solche Beilagen und Anzeigen verursachen immens hohe Kosten, und nur ein gewisser Anteil der produzierten Anfragen weist tatsächlich die gewünschte Qualität auf. Marketing-Fachleute beobachten, dass etliche Anfragen und Rückantworten von Seiten des Wettbewerbs initiiert werden oder auch aus Neugierde oder zum Zeitvertreib von Privatpersonen. Hier stellt sich also die Frage, ob die Relation der Kosten zum erzielten Erfolg für Ihre Branche zu vertreten ist.

Messen und Ausstellungen

Für einige Unternehmen ist die Teilnahme an einer Messe inzwischen nur noch lästige Pflicht. Aus der Erkenntnis (oder der Befürchtung) heraus, dass Wettbewerber das Fernbleiben des Konkurrenten als Eingeständnis für finanzielle Schwierigkeiten betrachten, wird der nächste Messestand dennoch gebucht. Einmal abgesehen davon, dass eine solche Veranstaltung oft völlig falsch gehandhabt wird – indem zum Beispiel der Schwerpunkt überwiegend darauf gelegt wird, bestehende Kunden am Messestand zu empfangen, und nicht darauf, der aktiven Gewinnung neuer Geschäftskontakte erste Priorität einzuräumen –, ist der finanzielle Aufwand für eine Messe oder eine Ausstellung erheblich. Selbst wenn dann die Messe optimal vorbereitet, der Stand nach neuesten Erkenntnissen konzipiert und das Personal für diese spezielle Situation richtig vorbereitet wurde, wird akquisebezogen in der Nachbereitung immer wieder derselbe Kardinalfehler begangen:

Sobald die Messe vorbei ist, werden die Mitarbeiter sofort wieder vom Tagesgeschäft eingeholt und halten keine Kapazitäten frei, die neu geknüpften Kontakte adäquat auszuwerten und zu betreuen. Das mag nicht in jeder Branche im gleichen Umfang der Fall sein. Doch jede Messepräsenz lohnt sich erst dann richtig, wenn eine professionelle Nachbearbeitung erfolgt, um den positiven Eindruck bei den neu entstandenen Kontakten zu verstärken.

Internetauftritt

Das Internet ist *das* Medium der Gegenwart und Zukunft. Die Anzahl der Internet-Nutzer wächst täglich und Internet-Fans nutzen dieses Medium regelmäßig, um sich über bestimmte Produkte und Dienstleistungen zu informieren. In den USA gibt es Konsumenten, die sich ausschließlich über das Internet versorgen und ihre Bestellungen (vom Frühstücksbrötchen bis zum Fachbuch) nach Hause liefern lassen. Hierzulande hält sich das Interesse der Gesamtbevölkerung in Grenzen: Der Personenkreis der eingefleischten Internet-Nutzer wächst zwar stetig, bis auf Weiteres wird es allerdings die Ausnahme bleiben, dass ein Unternehmen seine erforderlichen Neukunden (ausschließlich) über das Internet erschließt. Dennoch ist es für jeden Anbieter wichtig, eine entsprechende „Domain" zu besetzen und dieses Instrument im Marketingmix einzusetzen, um im Internet Präsenz zu zeigen.

Hörfunk

Nachdem in den letzten Jahren das Rundfunkgesetz gelockert wurde, haben einige Marketingagenturen auf lokaler Ebene neue Möglichkeiten entdeckt: Es werden zum Beispiel Werbespots in einem relativ begrenzten Gebiet gesendet, die eine Aufforderung enthalten, bei der angegebenen Hotline-Nummer anzurufen, um dort nähere Informationen zum konkreten Angebot einzuholen. Diese Vorgehensweise bezieht sich in erster Linie auf Großstädte, um hier innerhalb der Stadtgrenzen mit geringem Streuverlust potenzielle Kunden zu erreichen. Schwerpunktmäßig wurden bisher Radiospots für private Krankenversicherungen oder steuersparende Kapitalanlagen gesendet. Bei diesen beiden Themen wird zum Beispiel kurz skizziert, welche Voraussetzungen ein Kunde zu erfüllen hat (etwa für den Wechsel von der gesetzlichen in eine private Krankenversicherung) oder welche Mindeststeuerlast er im Jahr ans Finanzamt abführen muss, damit es Sinn macht, die angegebene Hotline-Nummer zu wählen. Nachdem die eine oder andere qualifizierende Frage gestellt wurde, notieren die Mitarbeiter der Agentur die Adressen der eingehenden

Anrufer, um größtmögliche Sicherheit zu haben, dass die geforderten Voraussetzungen für einen Abschluss erfüllt sind. Nach eigenem Kenntnisstand verkaufen diese Agenturen das vorselektierte Adressmaterial an Vertriebsmitarbeiter der jeweiligen Branche – bevorzugt an freie Anlageberater und Handelsvertreter –, ohne selbst einen Kundentermin abgestimmt zu haben.

Beim telefonischen Nachfassen stößt der Verkäufer in den meisten Fällen beim Kunden zuerst auf den Stresseinwand: „Schicken Sie mir bitte erst einmal etwas Schriftliches!" Gut ausgebildete Verkäufer, die mit dem klassischen „Prospekteinwand" umgehen können, haben bei dieser Vorgehensweise durchaus schon Terminquoten zwischen 50 und 70 Prozent erreicht. Diese Art der Neukundengewinnung ist ausgesprochen kostenintensiv, da eine solche Adresse im Normalfall für einen dreistelligen Betrag gehandelt wird und der Einsatz relativ hoch ist, um tatsächlich einen Präsentationstermin zu erhalten. Natürlich ist mittlerweile auch im Hörfunk eine zunehmende Überreizung erkennbar: Viele Verbraucher blenden entsprechende Jingles im Hörfunk mit dem anschließenden Appell: „Wenn Sie Steuern sparen wollen, dann rufen Sie jetzt an unter …!" oder: „Wenn Sie zukünftig die Vorteile einer privaten Krankenversicherung nutzen wollen, dann rufen Sie jetzt an unter …!" entweder ganz aus oder nehmen sie zumindest nicht mehr bewusst wahr.

Fazit

Die Reizüberflutung wächst. Das führt zur sukzessiven Abstumpfung bestimmter klassischer Marketing-Instrumente, die in der Vorzeit ihre Dienste geleistet haben, sich aber inzwischen nach und nach überholen. Bei all diesen herkömmlichen Methoden müssen der Aufwand und damit insbesondere die betriebswirtschaftliche Größe immer weiter erhöht werden, um das gewünschte Ergebnis sicherzustellen. Doch potenzielle Kunden wehren sich gegen unerwünschte Anrufe, sie sind nicht mehr bereit, ihre Zeit mit Lesen von Werbung zu verschenken. Und Zeitmangel hält potenzielle Kunden oft davon ab, eine Messe oder eine Ausstellung zu besuchen. Dieser Prozess des „Cocooning" (sich einspinnen wie in einem Kokon), der in Amerika schon seit geraumer Zeit Einzug gehalten hat, ist auch in Europa immer öfter zu beobachten.

Es gibt einen Weg, diese Abwehrhaltung zu überwinden: die Empfehlung. Mit einer Empfehlung, bei der sich der Verkäufer auf einen Kontakt beruft, der vom potenziellen Kunden als positiv assoziiert wird, ebnet sich quasi der Weg zu ihm. Durch eine solche Namensnennung wird Neugierde geweckt, und selbst extreme Situationen wie die „Sekretärin als Vorzimmerbarriere" werden relativiert.

Fazit

Tab. 1.1 Wie ist es zurzeit um Ihr Empfehlungsmarketing bestellt?

	Ja	Nein
1. Gibt es einen Unterschied zwischen einer „Empfehlung" und einer „Referenz"?	☐	☐
2. Gehört die Empfehlung zum obligatorischen Bestandteil Ihrer Kundengespräche?	☐	☐
3. Handelt es sich um eine passive Empfehlung, wenn der Kunde Ihnen Adressen von Menschen nennt, für die Ihre Produkte und Dienstleistungen interessant sein könnten?	☐	☐
4. Kennen Sie das Bittsteller-Syndrom?	☐	☐
5. Sind Sie der Meinung, dass der Empfohlene (also der potenzielle Neukunde) von der Empfehlung mehr profitiert als Sie, der Verkäufer?	☐	☐
6. Haben Sie sich Ihre „persönlichen Empfehlungsfragen" überlegt?	☐	☐
7. Ist es sinnvoll, den Kunden bereits direkt nach der Begrüßung für die Empfehlung zu sensibilisieren?	☐	☐
8. Sollten Sie bei der Empfehlungsfrage den „Ich-Standpunkt" vermeiden?	☐	☐
9. Wissen Sie, wie Sie eine Empfehlung „qualifizieren"?	☐	☐
10. Sind Sie der Ansicht, dass jeder Mensch durchschnittlich über mindestens 50 bis 70 Kontakte verfügt – und damit 50 bis 70 Menschen kennt, denen er Sie empfehlen kann? Allerdings nur 2 bis 5 aus dem engsten Umfeld, mit dem man heikle Themen bespricht.	☐	☐
11. Können Sie – hier und jetzt – einen Empfehlungsstammbaum anlegen?	☐	☐
12. Kennen Sie die sechs möglichen Kundenreaktionen auf die Empfehlungsfrage?	☐	☐
13. Können Sie Standardeinwände zur Empfehlungsfrage professionell entkräften?	☐	☐
14. Macht es Sinn, bei einer „blinden Empfehlung" nachzufassen?	☐	☐
15. Informieren Sie den Empfehlungsgeber immer und kontinuierlich darüber, was aus seiner Empfehlung geworden ist?	☐	☐

▶ Eine Empfehlung dient als Türöffner und hat folglich den höchsten Stellenwert in der Methodik der Neukundengewinnung.

Die entscheidenden Fragen, die sich hier stellen, sind:

- *Wie* erhalte ich eine Empfehlung und *wie* erhalte ich eine *genügende Anzahl* von Empfehlungen?

Daran schließt sich die nächste Frage an:

- Wenn ich solche Empfehlungen erhalten habe, wie gehe ich *professionell* mit ihnen um?

Diese und andere Fragen werden in den folgenden Kapiteln detailliert beantwortet. Doch bevor Sie weiterlesen, sollten Sie einen Check-up durchführen.
Bitte beantworten Sie zunächst einmal die Fragen in Tab. 1.1.

Auswertung

Zählen Sie nun nach, wie oft Sie „Ja" angekreuzt haben.

- *13 und mehr „Ja":*
  Sie gehören bereits zu den aktiven Empfehlungsmarketern und nutzen die Empfehlungsfrage recht professionell, um neue Kunden zu gewinnen. Erweitern Sie Ihr Empfehlungsmarketing mit Hilfe der Lektüre dieses Buches.
- *7–12 „Ja":*
  Im Fußball würde man Ihnen sagen, dass Sie sich kurz vor dem Aufstieg in die Profiliga befinden. Sie nutzen das Empfehlungsmarketing, aber noch nicht konsequent genug. Das Buch zeigt Ihnen, wie Sie den „Aufstieg" schaffen.
- *Weniger als 7 „Ja":*
  Sie verpassen eine große Chance, in Ihren erfolgreichen Kundengesprächen und mit Hilfe Ihrer zufriedenen Gesprächspartner neue Kunden zu gewinnen. Nutzen Sie das Buch, um den Königsweg zur Neukundengewinnung zu betreten.

2 Welchen Stellenwert hat die Empfehlung für die Neukundengewinnung?

Nur mit einer qualifizierten Empfehlung ist ein Verkauf vollständig.

Empfehlung und Referenz – was sie unterscheidet

Die Begriffe *Empfehlung* und *Referenz* werden bisher von vielen Verkäufern nur unzureichend getrennt. Während es sich bei der Referenz um eine einfache Auskunft über eine bereits vorhandene Geschäftsbeziehung handelt, ist eine Empfehlung ein positiv besetzter, zukunftsgerichteter Hinweis im Sinne einer Fürsprache. Am leichtesten lassen sich die beiden Begriffe differenzieren, wenn man die Zeitachse zu Hilfe nimmt. Ein Verkäufer hat einen Kunden, der das Produkt oder die Dienstleistung bereits nutzt, damit zufrieden ist und dies auf Wunsch einem neuen Kunden gegenüber zu bestätigen bereit ist. Diese Bestätigung wird als Referenz gewertet und kann auf Wunsch auch in schriftlicher Form erfolgen. Der Verweis auf entsprechende Referenzen ist immer wieder ein entscheidendes Hilfsmittel, ganz gleich, ob auf Nachfrage von potenziellen Kunden oder auch unaufgefordert. Gerade im Bereich der Dienstleistungsangebote ist die Frage: „Können Sie mir entsprechende Referenzen nennen?" durchaus üblich. Eine Referenz bedeutet also den Verweis auf die Erbringung einer Leistung in der Vergangenheit.

Eine Empfehlung hingegen ist auf die Zukunft ausgerichtet. Ein Kunde, der bereits mit dem Verkäufer in Geschäftsbeziehung steht, empfiehlt einen neuen Kontakt – mindestens mit Namen und Telefonnummer – mit der Maßgabe, sich auf den Empfehlungsgeber berufen zu können. Eine solche Empfehlung ist ganz klar auf noch zu gewinnendes Umsatzpotenzial ausgerichtet.

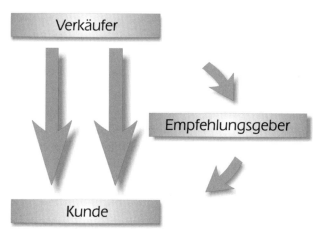

Abb. 2.1 Dreierbeziehung im Empfehlungsmarketing

Die Empfehlung – der beste Weg der Neukundengewinnung

Alle klassischen Methoden, die skizziert wurden, lassen eine konkrete Zweierbeziehung zwischen Anbieter und Kunde erkennen. Die einzige bekannte Ausnahme – nämlich das Konstrukt einer Dreierbeziehung – ist im Empfehlungsmarketing erkennbar. Hier gibt es neben dem Verkäufer noch zwei weitere Beteiligte: den Empfehlungsgeber und den Empfohlenen (Abb. 2.1).

In der Rhetorik wird bei einem solchen Dreierverhältnis von „Zeugenumlastung" gesprochen. Ziel dieser „Zeugenumlastung" ist es, die Argumentationskraft dadurch zu erhöhen, dass eine dritte Person die Aussage bezeugt. Als Motto gilt:

▸ Überzeugen kann man besser über einen Zeugen.

So verhält es sich auch bei der Empfehlung. Durch den Empfehlungsgeber ist der Verkäufer nahezu vorverkauft, da ein entsprechender Vertrauensbonus besteht. Bei jeder anderen Art der Kundengewinnung schaltet sich sofort das Unterbewusstsein ein. Es sagt uns als potenziellem Käufer: „Klar, dass dieser Mensch sein Produkt/sein Unternehmen nur mit den besten Worten beschreibt, er will ja schließlich ein Geschäft machen! Aber woher soll ich wissen, ob er die Wahrheit sagt?" Mit dem Vertrauensbonus, der über eine Empfehlung „mitgeliefert" wird, sieht der Gedankengang ganz anders aus: „Aha, wenn der Herr … dieses Angebot bereits nutzt und damit zufrieden ist *und* es gleichzeitig noch an mich weiterempfiehlt, dann muss es einfach gut sein." Durch die Empfehlung wird das eigennützige Denken, das der Kunde dem Verkäufer – berechtigterweise – unterstellt, geradezu aufgehoben. Dieser Vertrauensbonus ist ganz entscheidend für die höhere Effizienz gegenüber anderen Akquisemaßnahmen. Die Effizienz spiegelt sich in einem deutlich höheren Abschlussverhältnis wider, sei es in Bezug auf die Anzahl der Präsentationen/Termine oder auf den Geschäftsabschluss im engeren Sinne. Testen Sie es selbst und werten Sie über einen repräsentativen Zeitraum das Abschlussverhältnis für die gängigen Methoden im Vergleich zum Empfehlungsmarketing aus. Sie werden erkennen: Mit einer Empfehlung sind Ihre Chancen um Klassen besser!

Die Effizienz zeigt sich auch in der kürzeren Gesprächsdauer, da die Widerstände des neuen Kunden deutlich geringer sind. Bereits der erste telefonische Kontakt zeichnet sich durch einen leichteren Gesprächseinstieg und -verlauf aus. Genauso verhält es sich beim ersten Kennenlernen. Wenn das zwischenmenschliche Verhältnis von Empfehlungsgeber und Empfohlenem durch Anerkennung und Kompetenz geprägt ist, verläuft der Erstkontakt grundsätzlich positiv.

Auch aus betriebswirtschaftlicher Sicht ist Empfehlungsmarketing die günstigste Methode zur Erschließung neuer Umsatzpotenziale. Betrachten Sie bitte in diesem Zusammenhang einmal den finanziellen Aufwand für die Durchführung einer Mailingaktion, einer Anzeigenschaltung und der anderen Methoden, die in Kap. 1 kurz umrissen wurden. Die Unterschiede des finanziellen und zeitlichen Investitionsaufwandes sind enorm. Die Empfehlung wirkt gleichzeitig Stornierungen bzw. Rückabwicklungen eines Auftrages entgegen, da es sich geradezu widerspricht, dass ein Kunde heute von einer Leistung gegenüber potenziellen Anwendern „künden" will (Kunde sein heißt „kundtun"), um am nächsten Tag von dieser Leistung zurückzutreten. Wenn ein Kunde dagegen auf die Empfehlungsfrage mit einer Äußerung antwortet wie: „Ich will erst mal abwarten", gilt das genaue Gegenteil. Hier ist keine hundertprozentige Identifikation mit der getroffenen Entscheidung vorhanden, das heißt, die Möglichkeit einer Stornierung liegt bei weitem näher.

Verkäufer, die sich dieser Zusammenhänge bewusst sind und kontinuierlich nach Empfehlungen fragen, die sie dann auch erhalten, arbeiten auf einen so

Abb. 2.2 Der Empfehlungskreislauf

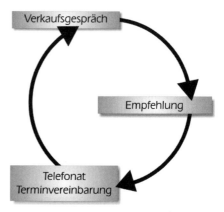

genannten Empfehlungskreislauf hin: Mit einem solchen Empfehlungskreislauf verfügen Sie immer über eine der wichtigsten Grundlagen eines erfolgreichen Verkäufers: nämlich über ausreichendes (qualifiziertes) Adresspotenzial (Abb. 2.2).

Die Vorteile der Empfehlung weisen deutlich auf die zukünftig notwendige Entwicklung hin: stärkere Akzentuierung der Unternehmen und der einzelnen Verkäufer auf das Empfehlungsmarketing. Der Verkäufer steht vor der Herausforderung, sich mit den Strategien und Methoden des Empfehlungsgesprächs im Kundendialog vertraut zu machen, um so mit ausreichend qualifizierten Kontakten arbeiten zu können.

Für welche Verkäufer und für welche Branchen eignet sich das Empfehlungsmarketing?

Vielfach wird behauptet, dass Empfehlungen nur bei Privatpersonen zu erhalten sind. Zugegebenermaßen ist oft zu beobachten, dass die Anzahl der Empfehlungen bei Privatkunden zahlenmäßig höher ist und dass in der Praxis diejenigen Unternehmen, die an den Endverbraucher verkaufen, Empfehlungsmarketing bedeutend stärker nutzen. Bestimmte Multi-Level-Marketinggesellschaften z. B., die vorwiegend Gebrauchsgüter umsetzen, stützen ihre Verkaufserfolge auf Empfehlungsmarketing. Gleichzeitig hat die Empfehlung auch im Geschäftsbereich einen hohen Stellenwert. Ein Geschäftsmann, der eine bestimmte Leistung in Anspruch nimmt, kennt erfahrungsgemäß andere Geschäftsleute, die in einer vergleichbaren Situation sind und für die dieses Produkt oder eine bestimmte Dienstleistung ebenfalls von Vorteil wäre. Als Ausnahme gilt natürlich der Fall, dass ein Unternehmer mit anderen Anbietern im Wettbewerb steht und folglich vermeiden möchte, seinen Konkurrenten auf Grund einer Empfehlung zu stärken. In so einer Situation, die insbesondere bei Exklusiv-Anbietern anzutreffen ist, stößt Empfehlungsmarketing an seine Grenzen. Unternehmens- oder konzernintern, also auf andere Abteilungen oder auf andere Niederlassungen bezogen, können Empfehlungen dagegen große Chancen haben. Die Vorgehensweise des Empfehlungsmarketings lässt sich tatsächlich in viele Richtungen verfolgen und führt – konsequent eingesetzt – auch in vielfältigen Bereichen zum Erfolg.

Der Verkäufer verkauft fünf Dinge

In jedem Verkaufsgespräch sind – direkt oder indirekt – fünf Aspekte präsent, die der Verkäufer argumentativ durchsetzen muss. Nur wenn diese fünf Faktoren komplett berücksichtigt werden, ist das Verkaufsgespräch vollständig.

Die eigene Person Die Person des Verkäufers steht maßgeblich im Vordergrund. Kunden kaufen erfahrungsgemäß nur von jemandem, der vertrauenswürdig und sympathisch wirkt. Sicher gibt es immer wieder Ausnahmen, bei denen Umsätze realisiert werden *trotz* und nicht *wegen* des Verkäufers. Die einzelnen Sympathiefaktoren setzen sich wie Mosaiksteine zu einem (Gesamt-)Bild zusammen, das sich der potenzielle Kunde in relativ kurzer Zeit vom Verkäufer macht. Eine Rolle spielt dabei zum Beispiel die Pünktlichkeit beim vereinbarten Termin oder das Einhalten eines versprochenen Rückrufs, das gepflegte äußere Erscheinungsbild und eine kundenorientierte, freundliche Kommunikation gepaart mit Humor und Witz. Vor allem ein gemeinsames Lachen mit dem Kunden ist ein wunderbarer „Eisbrecher" und verleiht dem Verkaufsgespräch positive Emotionalität.

Kunden lassen sich sehr stark von der Person des Verkäufers beeinflussen, wenn sie einen Kauf tätigen. Das zeigt sich unter anderem an der Tatsache, dass ein Verkäufer, der das Unternehmen wechselt, dabei jedoch in der gleichen Branche bleibt, oftmals seine Kunden „mitnimmt", wenn er die Möglichkeit dazu hat. Das Profil des Verkäufers entscheidet, ob Kontakte positiv gestaltet und entstandene Beziehungen tragfähig sind.

Das Produkt Das Produkt oder besser der Nutzen des Produkts ist das, worauf sich die gesamte Argumentation fokussiert. Der Verkäufer stellt die Vorteile dar, die für den Kunden entstehen, wenn er sich für das besagte Produkt entscheidet, und führt auf, worauf der Kunde verzichtet, wenn er sich entschließt, es nicht zu erwerben. Im Rahmen solcher Gespräche wird allerdings viel zu selten auf die unterschiedlichen Motivstrukturen der jeweiligen Kunden eingegangen. Die Abschlusswahrscheinlichkeit erhöht sich wesentlich, wenn der Verkäufer den spezifischen Nutzen auf die Situation des Anwenders übersetzen kann und den Dialog gezielt darauf aufbaut.

Der Preis – die Konditionen Der Preis! Gerade bei diesem Thema tritt dem Verkäufer oft der Angstschweiß auf die Stirn, und der Blutdruck desjenigen, der den Preis durchsetzen soll, steigt. Die Furcht vor der Kundenaussage: „Zu teuer!" löst immer wieder eine erfolglose Preisdiskussion aus. Zu den Faktoren, die das Erreichen oder Nichterreichen des gewünschten Gesprächsziels stark beeinträchtigen, zählen natürlich auch Rahmenkonditionen wie Lieferzeit und Abnahmemenge.

Das Unternehmen Jeder Kunde kauft gerne bei einem starken Partner. Diejenigen Verkäufer, die ein noch junges oder sogar neu gegründetes Unternehmen repräsentieren, haben sicher einen höheren argumentativen Aufwand, um eine gewünschte Geschäftsbeziehung einzuleiten. Für viele Mitarbeiter ist es eine Traumvorstellung, beim Marktführer der Branche tätig zu sein, da sie sich allein durch den Stellenwert des Unternehmens eine bedeutend höhere Abschlussquote versprechen.

Die Empfehlung Die soeben genannten vier Faktoren fließen in jeden Kundendialog ein. Die Empfehlung jedoch hat eine Sonderstellung: Sie gehört nicht zum notwendigen Repertoire eines erfolgreichen Verkaufsgesprächs. Eine Zusage kann der Verkäufer auch erhalten, ohne das Thema Weiterempfehlung nur im Geringsten gestreift zu haben. Aber machen Sie sich bitte bewusst: Die Empfehlung ist ein wesentlicher Bestandteil des erfolgreichen Verkaufens – und nur dann, wenn eine Empfehlung angesprochen wurde, ist das Verkaufsgespräch komplett.

Warum wird die Empfehlungsfrage von manchem Verkäufer so gerne außer Acht gelassen? Der Mensch geht nun einmal am liebsten den Weg des geringsten Widerstandes. Deshalb begnügen sich viele Verkäufer damit, die ersten vier Aspekte erfolgreich in einen Abschluss münden zu lassen, ohne die wichtige Empfehlungskomponente auch nur anzusprechen. In dem Moment, in dem der Kunde die Unterschrift auf den Antrag oder den Kaufvertrag setzt, akzeptiert er zumindest die ersten vier Komponenten – mit einer ausgesprochenen Empfehlung verleiht er dem Verkäufer jedoch das Abschlusszertifikat für seinen Erfolg. Ein wahrer Verkaufsprofi wird sich erst dann zufriedengeben, wenn auch dieser Punkt im Verkaufsgespräch Berücksichtigung gefunden hat. Nur dann ist der Abschluss für ihn vollständig.

Entwickeln auch Sie den Ehrgeiz, aus jedem Abschluss als Trophäe mindestens eine Empfehlung mitzunehmen! Im Folgenden werden einige Möglichkeiten beschrieben, *wie* Sie diese fünfte Komponente ganz selbstverständlich in das Kundengespräch integrieren. Sie können z. B. auf dem Antrag oder auf dem Bestellformular, das der Kunde unterschreiben wird, das Adressfeld mit einem so genannten Empfehlungskärtchen versehen. Wenn Sie nun nach der Zusage des Kunden das Papier auf den Tisch legen, ergibt sich die Notwendigkeit, erst einmal die Empfehlungskarte vom Antragsformular zu trennen: Sie können die persönlichen Angaben Ihres Kunden erst schriftlich festhalten, nachdem Sie die Empfehlungskarte entfernt haben. Wie selbstverständlich wird dabei das Thema Empfehlung angesprochen. Sie legen das Kärtchen bei Antragsüberreichung neben sich, um zu dokumentieren, dass dieser Punkt zur Vervollständigung des Geschäfts dazugehört. Durch diese Vorbereitung behandeln Sie die Empfehlungsfrage als ganz natürlichen Bestandteil des Gesprächs. Vielfach wird durch das Abtrennen einer oder mehrerer solcher Empfehlungskarten sogar die Neugier des Kunden geweckt, und er spricht das Thema von sich aus an.

Alternativ können Sie das Unterschriftenfeld des Kunden mit einem dicken Filzstift markieren und es z. B. mit einem eingekreisten „E" versehen. Erfahrungsgemäß fragt der Kunde nach: „Was hat es denn damit auf sich?" Und Sie könnten antworten: „Da geht es um einen ganz zentralen Punkt, den wir gleich noch ausführlich behandeln werden. Diese Markierung ist lediglich für mich (als Verkäufer) von Bedeutung, damit er auf keinen Fall in Vergessenheit gerät." Mit dieser oder einer ähnlichen Vorgehensweise bilden Sie einen entscheidenden Ansatz, die Empfehlung als Selbstverständlichkeit zu behandeln. Eine Ausrede nach dem Motto: „Ich habe vergessen, nach Empfehlungen zu fragen" scheidet somit aus – sowohl als Rechtfertigung vor sich selbst als auch gegenüber der Führungskraft und dem Unternehmen.

Prüfen Sie einmal, ob es für Sie persönlich von Vorteil ist, sich mit einer kleinen Hilfestellung dieser Art unter positiven Druck zu setzen, um so die Empfehlung in einen ganz selbstverständlichen Bestandteil des Verkaufsgesprächs zu verwandeln.

Aktive und passive Empfehlung – der Unterschied

Was bedeutet die Unterscheidung zwischen aktiver und passiver Empfehlung für einen Verkäufer?

Als aktive Empfehlung gilt, wenn der Verkäufer aktiv nach der Empfehlung fragt, wenn er das Gespräch steuert und den Empfehlungsbaustein ganz bewusst in die Kommunikation einbringt. Passive Empfehlung hingegen bedeutet, dass der Kunde ohne Nachfrage einen oder mehrere Namen mit der Bitte nennt, mit diesen Personen Kontakt aufzunehmen, um sie ebenfalls über das Angebot zu informieren. Die Psychologie spricht dabei vom „Sendungsbewusstsein" des Menschen: Jemand ist von einem neuen Produkt oder einer Dienstleistung überzeugt und möchte dieses Neue auch anderen Bekannten oder Kollegen zugänglich machen. Er sendet deshalb eine „Botschaft" ganz ohne einen Impuls seitens des Gesprächspartners. Sicher hat es jeder von Ihnen einmal erlebt, dass sich unerwartet und ohne Ihr Zutun eine Adressquelle vor Ihnen auftat und dadurch neue interessante Kontakte geschaffen wurden. Die Praxis zeigt jedoch, dass die Anzahl der passiven Empfehlungen bei weitem nicht für die Neukundenakquise ausreicht. Wenn Sie sich auf passive Empfehlungen verlassen, sind Sie vom Zufallsprinzip abhängig und können selbst nur indirekt Einfluss nehmen.

Um die Anzahl der passiven Empfehlungen zu erhöhen, gibt es nur einen Weg: Ihr Geschäftspartner muss mit der bestehenden Kundenbeziehung nicht nur zufrieden sein, sondern geradezu *begeistert* davon. Erst in den letzten Jahren hat der Begriff Kundenzufriedenheit in vielen Branchen einen ganz neuen Stellenwert erhalten. Man ist dazu übergegangen, die Zufriedenheit des Kunden regelmäßig zu überprüfen und sich immer stärker am „After-Sales-Service" zu orientieren. War es früher einmal ausreichend, einen Abschluss zu tätigen, pünktlich zu liefern und die Zusagen über das Produkt einzuhalten, so weiß heute jeder, dass es angesagt ist, gerade nach Abschluss und Auslieferung den Kundenkontakt zu pflegen. In diesem Zusammenhang ist es wichtig, sich nicht nur als Jäger auf der ständigen Jagd nach neuen Kunden zu verstehen, sondern auch als Heger, der seinen Kundenbestand hegt und pflegt. Nur eine gezielte und konsequente Kundenbetreuung nach dem „Point-of-Sale" kann Begeisterung auslösen, die sich anschließend in passiven Empfehlungen widerspiegelt.

Der Unterschied zwischen Zufriedenheit und Begeisterung lässt sich sehr schnell an einem Restaurantbesuch demonstrieren. Überlegen Sie in diesem Zusammenhang einmal selbst: Wie oft waren Sie in einem Restaurant, mit dessen Leistung Sie zufrieden waren? Auf die Nachfrage von Freunden oder Bekannten würden Sie dieses Restaurant durchaus weiterempfehlen. Aber: Nur dann, wenn Sie von dem Essen und dem zuvorkommenden Service *begeistert* waren, werden Sie die Initiative ergreifen und andere Personen auf dieses Restaurant aufmerksam machen. Sie schwelgen in der Erinnerung an ein erstklassiges Abendessen, und genau dadurch wird Ihr Sendungsbewusstsein aktiviert.

Als sehr effizientes Mittel, um in der Kundenbeziehung tatsächlich Begeisterung zu wecken, gelten regelmäßige „Servicecalls". Der Verkäufer meldet sich telefonisch beim Kunden, jedoch nicht mit der Intention, ein Zusatzgeschäft zu forcieren oder den getätigten Umsatz zu erhöhen, sondern lediglich, um den Kontakt zu pflegen und für eventuell aufgetretene Fragen zur Verfügung zu stehen. Dem Kunden wird das Gefühl vermittelt, dass er gut aufgehoben ist. Den berühmten Satz: „Da hat sich nie mehr jemand gemeldet!" werden Ihre Kunden also nicht bemühen müssen! Natürlich bietet diese regelmäßige Kontaktpflege neben dem Ziel, die Anzahl der passiven Empfehlungen zu erhöhen, eine gute Plattform für aktives Empfehlungsmanagement. Die Zufriedenheitsbekundung seitens eines Anwenders ist sicher ein hervorragendes Sprungbrett, um mit der aktiven Frage nach Empfehlungen einzusteigen.

Prüfen Sie einmal in dem Zusammenhang, was Sie bisher unternehmen, um das Sendungsbewusstsein Ihrer Kunden zu aktivieren. Die obligatorischen Glückwünsche zum Geburtstag oder zu Weihnachten reichen hier ganz bestimmt nicht aus. Die darüber hinausgehende kontinuierliche Betreuung in schriftlicher oder persönlicher Form per Telefon oder Servicebesuch vor Ort ist elementar, um in einer Geschäftsbeziehung Begeisterung aufkommen zu lassen. Der Kunde muss das Gefühl haben, dass Sie ihn als Individuum wahrnehmen und für seine produktbezogenen Fragen und Wünsche uneingeschränkt zur Verfügung stehen.

Übung: Sind meine Kunden zufrieden oder sind sie begeistert?
Was unternehme ich, damit meine Kunden begeistert sind?

_____

_____

_____

_____

_____

_____

Was kann ich in Zukunft noch tun, damit meine Kunden begeistert sind?

_____

_____

_____

_____

_____

_____

Die Angst vor der Frage nach Empfehlungen 3

Machen Sie die Empfehlungsfrage zur Selbstverständlichkeit.

Branchenübergreifende Befragungen haben gezeigt, dass in der Praxis tatsächlich nur zwischen 5 und 15 % aller Verkäufer ein gezieltes Empfehlungsgespräch führen. Während in der Assekuranz und bei bestimmten Multi-Level-Marketingfirmen der Prozentsatz erheblich höher liegt, gibt es Bereiche, in denen Empfehlungsmarketing nahezu überhaupt nicht angewandt wird.

Das Auslassen der Empfehlungsfrage wurde in den meisten Fällen damit begründet, dass sich der Verkäufer in dieser Gesprächssituation als Bittsteller fühlt und er dieses Gefühl auf jeden Fall vermeiden möchte. Nachdem er das Produkt und dessen Nutzen in den „schönsten Farben" beschrieben hat, spürt er eine innere Abwehr dagegen, jetzt noch nach neuen potenziellen Kunden zu fragen. Er erlebt einen starken emotionalen Widerspruch, da er sich einerseits in einer untergeordneten Position wahrnimmt und andererseits den Kunden gerne als Erfüllungsgehilfen für seine Neukundengewinnung nutzen möchte. Dieses Bittsteller-Syndrom ist weit verbreitet und wird im folgenden Kapitel zum Thema „Die Einstellung des Verkäufers zur Empfehlung" noch ausführlicher behandelt.

Die Tatsache, dass ein Verkäufer es vorzieht, nicht nach Empfehlungen zu fragen, liegt in der Befürchtung begründet, beim Kunden weitere Bedenken zu wecken. Der Verkäufer hat den Abschluss in der Tasche und seine Provision bereits ausgerechnet. Er fürchtet nun, den Kunden zu verärgern oder zusätzliches kritisches Nachfragen bezüglich des Produkts auszulösen. Darin sieht er eine Gefährdung seines bereits erreichten Ziels. In diesem Moment erscheint es ihm am naheliegendsten, sich möglichst schnell dieser Anspannung im Verkaufsgespräch zu entziehen – nachdem er den Gipfel (Abschluss) erstürmt hat, tritt er mit schnellen Schritten den Rückzug an. Viele Verkäufer vertreten tatsächlich die Ansicht, dass mit jeder weiteren Kommunikation die Gefahr erhöht wird, Kaufreue auszulösen. Abgesehen von der Befürchtung, dass der Kunde von dem getätigten Abschluss zurücktreten könnte, denken viele Vertriebsmitarbeiter in diesem Augenblick nicht an morgen und an neue Kunden und weitere Abschlüsse. Sie genießen den momentanen Erfolg, ohne sich Gedanken darüber zu machen, dass sie genau in diesem Moment den optimalen Zeitpunkt verpassen, die Empfehlungskette weiter auszubauen.

Natürlich kommt es vor, dass der Verkäufer nach einem zwei- oder gar dreistündigen Verkaufsgespräch der Auffassung ist, er könnte den Kunden mit einer zusätzlichen Empfehlungsfrage überfordern. Er empfindet fast so etwas wie Mitleid mit seinem Gegenüber und möchte ihm nicht noch mehr Anstrengung abverlangen. Der Verkäufer sagt sich also: „Jetzt haben wir schon so lange miteinander gesprochen, da frage ich ihn lieber nicht noch nach Empfehlungen, das kann ich ja beim nächsten Kontakt nachholen." Neben der vermeintlichen Überforderung des Kunden ist es oft auch die Konzentration des Verkäufers, die am Nullpunkt angelangt ist, da sich bis zu diesem Moment jede Interaktion auf den gewünschten Abschluss hin konzentriert hat.

Nur wenige Verkäufer antworten auf die Frage, weshalb sie nicht nach Empfehlungen fragen, mit einer so ehrlichen Aussage wie: „Ich wusste nicht, wie ich das Gespräch darauf bringen sollte." Hier wird deutlich, dass das Thema Empfehlung in der verkäuferischen Ausbildung vieler Unternehmen oft nur stiefmütterlich behandelt wird. Meist findet es lediglich in einigen Nebensätzen Erwähnung und ist folglich als erlernte persönliche Gesprächsstrategie zum entscheidenden Zeitpunkt ganz einfach nicht abrufbar.

Die Frage nach Empfehlungen und die Behandlung entsprechender Vorwand- und Einwandreaktionen gehört zum grundlegenden verkäuferischen Handwerkszeug. In den folgenden Kapiteln werden Ihnen praxisnahe Beispiele an die Hand gegeben, die Sie beim nächsten Kundenkontakt nutzen können. Viel zu oft wird die Frage nach Empfehlungen von der jeweiligen Situation abhängig gemacht – was dazu führt, dass in der Formulierung zu stark improvisiert wird. Doch nur mit zielgerichteter Kommunikation wird das Ziel auch erreicht. Diesen Grundsatz gilt es auch bei der Empfehlungsfrage zu beachten.

Bei vielen Verkäufern existiert die unterschwellige Angst vor einem „Nein" des Kunden auf die Frage nach einer Empfehlung – die alte Angst vor Ablehnung und Misserfolg, die jeder gute Verkäufer immer wieder überwinden muss. Als Verkäufer werden wir überdurchschnittlich oft mit Ablehnung, also mit dem Wort „Nein" konfrontiert. Kunden sagen „Nein" zum gewünschten Termin, „Nein" zum Produkt, „Nein" zur Person des Verkäufers, und genauso können sie mit „Nein" auf die Frage nach Empfehlungen reagieren. Wir leben in unserem Beruf in einem dauernden Spannungsverhältnis zwischen Ablehnung und Zustimmung. Wenn wir die Chance haben, einer Ablehnung auszuweichen, dann liegt es wohl nur in der Natur des Menschen, dass wir den Weg des geringsten Widerstandes gehen. Seien Sie sich bewusst, dass auch für die Situation des Empfehlungsmarketings die alte Verkäuferweisheit gilt: „Das Verkaufen fängt beim Nein erst an!"

Überlegen Sie sich an dieser Stelle einmal, weshalb Sie persönlich in der Vergangenheit die vielfältigen Vorteile der Empfehlung oft nicht genutzt haben. Nehmen Sie sich ruhig Zeit, um herauszufinden, welche der oben aufgeführten Widerstände sich in Ihnen manifestiert haben.

Sicher stimmen Sie zu, dass alle angeführten Gründe oder auch solche, die Ihnen zusätzlich einfielen, rein emotionaler Natur sind. Es gibt keinen faktischen Grund, sich mit diesem – für manchen etwas brisanten – Kapitel der Neukundengewinnung nicht zu beschäftigen und die Chancen der Empfehlungsnahme zukünftig nicht stärker wahrzunehmen. Selbst zum Einwand, man habe die passende Formulierung nicht parat gehabt, ist anzumerken, dass eine unbeholfen formulierte Frage nach Empfehlungen immer noch besser ist, als gar keine zu stellen. Selbst wenn Sie die ungeschickteste Fragetechnik zur Gewinnung neuer Kontakte nutzen, werden Sie – allein gemäß dem Gesetz der Zahl – damit einen gewissen Erfolg erzielen.

Übung: Stelle ich die Empfehlungsfrage?

Was hindert mich daran, die Empfehlungsfrage zu stellen?

_____

_____

_____

_____

Was kann ich tun, um diese Widerstände zu überwinden?

_____

_____

_____

_____

Die Angst vor dem Empfehlungsgespräch verlieren

Was können Sie tun, um die Widerstände zu überwinden, die Sie daran hindern, die Empfehlungsfrage zu stellen? Vielleicht haben Sie auf diese Frage schon Antworten gefunden. Denn der Angst vor der Frage nach der Empfehlung lässt sich durchaus begegnen. Zum einen natürlich, indem Sie sich mit dem „Nein" des Kunden und seinen psychologischen Hintergründen beschäftigen. Zum anderen aber dadurch, dass Sie mit Kollegen und Führungskräften – etwa dem Vertriebsleiter – ein Meeting zu dem Thema durchführen und im Team voneinander lernen.

Ideal ist es, wenn das „Empfehlungs-Meeting" vom Vertriebsleiter koordiniert und durchgeführt wird. Falls dies nicht möglich, kann es auch im Kollegenteam organisiert werden.

Es geht darum, im Team Erfahrungen auszutauschen und Erlebnisse – positiver und negativer Art – bezüglich der Empfehlung zu diskutieren. Damit das Team zielgerichtet vorgehen kann, sollte jeder Teilnehmer das Meeting vorbereiten und vorab folgende Fragen beantworten:

1. Wie wichtig ist die Empfehlungsfrage?
2. Wie und wann wird die Empfehlung thematisiert? Wie wird darauf hingeleitet, zu welchem Zeitpunkt wird die Empfehlungsfrage gestellt?
3. Wie reagieren die Kunden darauf? Es sollen möglichst viele Positivbeispiele genannt werden (success-storys).

„Empfehlungs-Meeting" durchführen

Zunächst stellt jeder Verkäufer in höchstens fünf Minuten seine Antworten vor. Ein Teilnehmer notiert die Quintessenz auf der Pinnwand oder dem Flipchart. Schließlich werden die einzelnen Fragen diskutiert:

- Zu 1: Bei der Wichtigkeit der Empfehlungsfrage geht es darum, sich für deren Bedeutung zu sensibilisieren.
- Zu 2: Im Mittelpunkt steht der Erfahrungsaustausch darüber, wie die einzelnen Kollegen vorgehen.
- Zu 3: Dies ist der wichtigste Punkt. Die Negativbeispiele zeigen den Kollegen und Ihnen, dass auch bei den anderen nicht alles eitel Sonnenschein ist, sondern die Kollegen ebenfalls von frustrierenden „Empfehlungserlebnissen" geplagt werden und man mit seiner Angst vor dem Nein nicht alleine dasteht. Erfolgserlebnisse

sind natürlich erst recht geeignet, diese Ängste zu zerstreuen. Wenn Sie erfahren, zu welch angenehmen Folgen das professionelle Empfehlungsverhalten Ihres Kollegen geführt hat, sind Sie eher motiviert, die blockierenden und hemmenden Befürchtungen über Bord zu werfen.

Anschließend werden die Beispiele unter dem Aspekt diskutiert: „Kann ich die Erfahrungen des Kollegen für meine eigenen Verkaufsgespräche nutzen, sind seine Erfahrungen auf meine Situation übertragbar?" – kurz: „Was kann ich aus den Erlebnissen der Kollegen lernen?" Daraus ergibt sich ein Bündel an Verbesserungsvorschlägen, die ebenfalls für alle sichtbar notiert werden. Diese Vorgehensweise hat einige Vorteile:

- Das gesamte Team wird auf Verbesserungsvorschläge fokussiert – und damit auf eine Situation, die dem Einzelnen Mut macht und verdeutlicht, dass eine Weiterentwicklung möglich ist.
- Das Meeting ist geeignet, den Glauben der Verkäufer an sich selbst und die eigenen Fähigkeiten zu stärken.
- Es entsteht ein Lerneffekt, weil jeder Verkäufer von den positiven Erlebnissen, aber auch den negativen Erfahrungen der anderen Teilnehmer profitieren kann.

Die Angst vor der Empfehlungsfrage wird also bekämpft, indem Sie sich mit dieser Angst auseinandersetzen und ihr positive Erlebnisse entgegensetzen.

„Wie sorge ich dafür, dass die Empfehlung zu einem einzigen Desaster gerät?" Zum Schluss des Meetings wird noch diese Frage im Plenum diskutiert. Und zwar ernsthaft. Denn es ist gerade diese absurde Fragestellung, die bei den Kollegen und Ihnen zu kreativen Ideen und Vorschlägen darüber führt, wie das Empfehlungsmarketing verbessert werden kann. Auf eine spielerische Art und Weise schwelgen die Teilnehmer in Überlegungen, wie die Empfehlungsphase vollkommen schieflaufen kann. Aus diesen „Negativvorschlägen" müssen dann natürlich die eigentlichen wichtigen Ideen abgeleitet werden: „Was können wir tun, damit die Empfehlungsfrage zum Erfolg wird?"

Und noch ein Hinweis für Sie: Verdeutlichen Sie sich einmal, was denn schlimmstenfalls passieren würde, wenn Sie mit der Empfehlungsfrage scheitern. Häufig ist das Ergebnis: Die Folgen sind halb so schlimm wie die, die Sie sich fantasiereich ausgemalt haben. Und so können Sie Ihre Kräfte darauf konzentrieren, aus dem Fehler zu lernen und es beim nächsten Mal besser zu machen.

Entscheidend ist, welche Einstellung Sie zur Empfehlung haben – dazu jetzt mehr.

Die Einstellung des Verkäufers zur Empfehlung

4

„Vitamin E" ist der Sieg bewährter Einfälle über sporadische Zufälle.

Der bekannte Formel-1-Pilot Mika Häkkinen sagte einmal in einem Interview selbstbewusst: „It's a mind game". Diese Aussage lässt sich hervorragend auf unser Thema übertragen. Das Praktizieren erfolgreichen Empfehlungsmarketings ist ebenfalls ein „mind game" – es wird in erster Linie im Kopf entschieden. Die Einstellung zur Option, zukünftig höhere Umsätze zu erzielen, ist wesentliche Grundlage dafür, ob und inwiefern Sie bereit sind, die Formulierungshilfen und Techniken, die Sie in den nächsten Kapiteln kennen lernen werden, in der Praxis zu nutzen. Wenn Sie in den letzten Jahren entsprechende Glaubenssätze bezüglich der Empfehlungsnahme gepflegt haben, so ist es nun wichtig, einige der typischen Annahmen zu analysieren und aufzulösen – so weit es geht. Sie haben bestimmt schon von der Erkenntnis gehört, dass Gedanken sich als Kräfte manifestieren – und sicher kennen Sie das Prinzip der „sich selbst erfüllenden Prophezeiung". Wenn Ihre persönliche Prophezeiung darin besteht, dass sich über Empfehlungen keine neuen Verkaufschancen eröffnen lassen, ist es unbedingt erforderlich, sich mit dieser Einstellung näher auseinanderzusetzen. Mit den Glaubenssätzen, die am häufigsten erfolgreiches Empfehlungsmarketing verhindern, werden wir uns auf den folgenden Seiten beschäftigen.

Das Image der Empfehlung

Viele Verkäufer weigern sich, die Frage nach einer Empfehlung zu stellen, weil sie dieses Vorgehen – bezogen auf ihr Produkt und ihre Branche – für nicht angemessen halten. Sie sind der Überzeugung, dass Empfehlungsmarketing eine Form der

Neukundengewinnung ist, die vielleicht für Multi-Level-Marketingsysteme oder für dubiose Strukturvertriebe sinnvoll erscheint. Diese grasen nach dem „OTS-Prinzip" (Onkel, Tante, Schwiegermutter) erst einmal ihren Freundes- und Bekanntenkreis ab, um über dieses Netzwerk Vitaminpillen, Modeschmuck oder andere vergleichbare Produkte an den Mann oder die Frau zu bringen. Gerade Dienstleister, die ein stark erklärungsbedürftiges Produkt vertreten, möchten sich nicht in diese „Niederungen" der Neukundengewinnung begeben. Empfehlungsmarketing ist allerdings nahezu branchenunabhängig, und nur weil es in bestimmten Vertriebsformen mit recht schlechtem Image unter Hochdruck genutzt wird, kann dieses Image nicht automatisch auf die eigene Situation übertragen werden. Im Vordergrund steht hier der Anspruch eines qualifizierten Empfehlungsmarketings und nicht das Abgrasen des Freundes- und Bekanntenkreises oder das Einsammeln von Adressbüchern. Deshalb die Aufforderung an Sie: Prüfen Sie einmal für sich, inwieweit Sie die Vorstellung von einem allgemein schlechten Image des Empfehlungsmarketings teilen. Fragen Sie sich, inwieweit Sie sich in der Vergangenheit von alten „Verkaufshasen" in diese Richtung beeinflussen ließen und sich so entsprechende Glaubenssätze bei Ihnen verfestigt haben, die dringend zu revidieren sind. Ihr Ziel als Profiverkäufer sollte es auch hier sein, diesem Thema grundsätzlich neutral bis positiv gegenüber zu stehen und in erster Linie eigene Erfahrungswerte zu sammeln. Wenn Sie vorschnell in den allgemeinen Chor der Unkenrufe zur Empfehlung einstimmen, nehmen Sie sich jede Chance herauszufinden, ob dieser Weg nicht doch der richtige für Sie ist.

Empfehlung als Selbstverständlichkeit

Christian Morgenstern hat es einmal so formuliert:

▸ „Alles, im Kleinen wie im Großen, beruht auf Weitersagen."

Im Verkäuferalltag scheint das „Weitersagen" keine Selbstverständlichkeit zu sein, obwohl es doch im täglichen Umgang permanent praktiziert wird. Überlegen Sie einmal, wie oft Sie (meist unbewusst) eine Empfehlung aussprechen, indem Sie ein gutes Restaurant, ein Hotel, Ihre Autowerkstatt, einen Kinofilm, einen Arzt, ein Feriengebiet, ein Bekleidungsgeschäft, Ihren Frisör und unendlich vieles mehr empfehlen, mit dem Sie selbst gute Erfahrungen gemacht haben. Oft werden solche Empfehlungen im allgemeinen Gespräch mit Bekannten und Kollegen ausgesprochen, ohne dass der Empfehlungsgeber sich dessen wirklich bewusst ist. Vielleicht haben Sie schon einmal die Situation erlebt, dass ein neuer Nachbar Sie nach der besten Bäckerei, nach Einkaufsmöglichkeiten, nach einem Blumenladen usw. gefragt hat, und Sie innerhalb weniger Minuten mehrere Empfehlungen ausgesprochen haben. Empfehlungen sind also eine Selbstverständlichkeit in unserem Alltag. Auch für einen Profiverkäufer ist es nichts Ungewöhnliches, dass Kunden, die sein Produkt nutzen, oder Interessenten, die aus dem Kontakt mit ihm interessante Informationen erhalten haben, bereit sind, eine Weiterempfehlung auszusprechen.

Die Empfehlung nur nach Verkaufsabschluss?

Ein stark verbreiteter Glaubenssatz im Vertrieb lautet, dass ein Verkäufer nur dann nach einer Empfehlung fragen kann, wenn er tatsächlich einen Abschluss getätigt hat. Wenn Sie diese Einstellung teilen, verschenken Sie ein ungeheures Potenzial an neuen Kontakten! Ein kurzes Zahlenspiel dokumentiert die Auswirkungen dieser Einstellung:

Stellen Sie sich bitte vor, Sie arbeiten mit einem durchschnittlichen Abschlussverhältnis von 4 : 1. Das heißt, Sie besuchen vier potenzielle Kunden und statistisch gesehen gelingt es Ihnen, aus diesen vier Präsentationen einen Umsatzerfolg herbeizuführen. Wenn Sie jetzt der Überzeugung sind, dass es nur bei den Kunden sinnvoll ist, in das Empfehlungsgespräch einzusteigen, die bereits gekauft haben, dann verschenken Sie einen wesentlichen Anteil (75 %) des gesamten Kontaktpotenzials. Und wenn jeder zweite Kunde auf Ihre Empfehlungsfrage hin neue Adressen einbringt (dies würde ein Abschlussverhältnis von 50 : 50 bezogen auf die Empfehlungsfrage bedeuten), so haben Sie insgesamt nur eine Effizienz von 12,5 %! Wollen Sie den Rest wirklich verschenken?

Sicher gibt es einige Verkaufsgespräche, die nicht zum Abschluss geführt haben und bei denen es keinen Sinn macht, die Empfehlungsfrage zu stellen – weil vielleicht die Chemie zwischen Kunde und Verkäufer nicht stimmte, das Produkt nicht passte oder weil die Beteiligten von völlig unterschiedlichen Voraussetzungen ausgegangen sind. Würden Sie allerdings bei der Hälfte aller Kunden, die (noch) nicht gekauft haben, nach einer Empfehlung fragen und auch hier das Abschlussverhältnis von 50 : 50 erreichen, so könnte dies bei dem erwähnten Beispiel ein größeres Kontaktpotenzial mit sich bringen.

Machen Sie sich immer wieder bewusst: Kunden können aus dem Kontakt mit Ihnen und der Vorstellung einer bestimmten Dienstleistung oder eines bestimmten Produkts in jedem Fall nur Vorteile ziehen. Wenn ein Kunde nach einem solchen Gespräch die Entscheidung trifft, dass er Ihr Angebot nicht nutzen will, dann ist das selbstverständlich sein gutes Recht. Wenn er allerdings gleichzeitig den Nutzen wahrnehmen konnte, dann muss es auch hier eine Selbstverständlichkeit sein, ihm die Empfehlungsfrage zu stellen. Gerade in Situationen, in denen sich der Kunde aus „objektiven Gründen" nicht zum Kauf entschließen konnte, ist diese Vorgehensweise besonders gewinnbringend. Überlegen Sie einmal, wie oft Sie als Verkäufer unterschwellig dachten: „An seiner Stelle würde ich dieses Produkt auch nicht kaufen – eigentlich nützt es ihm zu wenig in seiner Lage" und seine Entscheidung vollkommen nachvollziehen konnten.

Die professionelle Einstellung des Verkäufers zeigt sich in der folgenden Überzeugung: „Wenn ich schon den Aufwand betrieben habe, zu diesem Kunden zu fahren, eine entsprechende Zeit für das Gespräch investiert habe und die Chance auch für einen zukünftigen Abschluss nach jetziger Erkenntnis nur sehr gering ist, dann werde ich wenigstens versuchen, einen Teilerfolg in Form einer qualifizierten Empfehlung zu erreichen." In dieser Situation können Sie nur gewinnen! Denn ein „Nullergebnis" zur Empfehlung haben Sie ohnehin. Wenn Sie nun das Gespräch beenden und ein Kunde dieses „Nein" tatsächlich artikuliert hat, dann kann ein Profi mit solch einer Absage besser leben als mit der bloß unterschwelligen Annahme, dass der Kunde mit hoher Wahrscheinlichkeit „Nein" gesagt hätte.

Verstehen Sie mich bitte richtig: Es geht in diesem Kapitel nicht darum zu behaupten, dass Sie bei jedem Kontakt automatisch nach Empfehlungen fragen können. Sicher ist für eine solche Frage eine gewisse Qualität der Verkäufer-Kunden-Beziehung die Voraussetzung. Doch bei mindestens 50 % aller Kunden, die nicht gekauft haben, ist es immer noch sinnvoll, das Empfehlungsgespräch einzuleiten.

Der Empfohlene profitiert mehr von der Empfehlung als der Verkäufer!

Bereits auf den vorherigen Seiten wurde das Bittsteller-Syndrom angesprochen: Der Verkäufer „bettelt" um neue Adressen – und in dieser Position fühlt er sich äußerst unwohl. Dieses Bittsteller-Syndrom resultiert meist aus der Überzeugung des Verkäufers, dass der Kunde mit einer solchen Empfehlung *ihm* lediglich einen Dienst erweisen, ihm quasi die Möglichkeit zu weiteren Provisionszahlungen eröffnen würde. Nimmt ein Verkäufer diese Position ein, ist die Effizienz dieser Form der Neukundengewinnung logischerweise nur gering. Da stellt sich doch die Frage, warum diese Einstellung so vorherrschend ist, dass es allein der Kunde ist, der dem Verkäufer einen Dienst erweist, indem er ihn an Bekannte oder Kollegen weiterempfiehlt. Dabei wird vollkommen außer Acht gelassen, welche Vorteile sich dem Empfehlungsgeber erschließen. Diese Einstellung wirkt sich natürlich auf den Sprachgebrauch aus, und der Verkäufer tendiert im Ergebnis tatsächlich dazu, unterwürfig um Empfehlungen zu bitten.

Ist der Verkäufer dagegen der festen Überzeugung, dass z. B. Kollegen seines jetzigen Kunden ein interessantes Produkt kennen lernen könnten, dann wird sich das in der Empfehlungsfrage widerspiegeln. Der Verkäufer artikuliert mit einem deutlich stärkeren Selbstwertgefühl – das stellt einen wesentlichen Erfolgsfaktor dar. Die Veränderung der Einstellung gegenüber dem Empfehlungsmarketing ist neben den soeben skizzierten Glaubenssätzen sicher einer der wichtigsten Punkte. Viele Verkaufsskripts verstärken die ablehnende, skeptische Einstellung des Verkäufers eher noch, da dort im Normalfall Formulierungen zu finden sind, die das Bittsteller-Syndrom beim Verkäufer noch fördern. Dazu gehören gängige Formulierungen wie: Wen können Sie mir da empfehlen? Auf wen könnte ich mich da berufen? etc. Diese Formulierungen sind durch einen extremen „Ich-Standpunkt" geprägt und stellen das Wort „Empfehlung" zu sehr in den Vordergrund. Bereits die Erwähnung dieser Formulierung setzt den falschen Schwerpunkt: Hier steht nicht mehr im Mittelpunkt, dass der jetzige Kunde aktiv einen wichtigen Kontakt für einen Dritten herstellt oder einen wichtigen Tipp weitergibt. Deshalb ist es besser, den Begriff „Empfehlung" in dieser Gesprächssituation außen vor zu lassen und die Aussagen stärker „Sie-orientiert" zu formulieren. In den nächsten Kapiteln werden Ihnen hierfür praxisnahe Formulierungshilfen vorgestellt.

▸ Überprüfen Sie, wie Ihre persönliche Einstellung bezüglich der Zielrichtung ausgeprägt ist und inwieweit Ihre bisherige Empfehlungsfrage „Sie-orientiert" formuliert ist.

Übung: Persönliche Empfehlungsfrage
Meine Formulierungen
Variante 1:

_____

_____

_____

_____

_____

Variante 2:

_____

_____

_____

_____

_____

_____

Wie denkt der Kunde über die Frage nach Empfehlungen?

Bisher haben wir das Thema Empfehlungsmarketing ausschließlich aus der Sicht des Verkäufers beleuchtet. In diesem Kapitel beschäftigen wir uns nun mit der Frage, wie der Käufer diese Frage wahrnimmt. Wenn wir dabei versuchen, uns in die Gefühlswelt des Kunden zu versetzen, stoßen wir ebenso auf positive wie auf negative Emotionen. Doch zuerst einmal die positiven Aspekte:

Den meisten Kunden ist durchaus bewusst, welchen Aufwand der Verkäufer bereits geleistet hat, um letztlich mit ihnen am Tisch über die Dienstleistung oder das Produkt zu sprechen. In vielen Fällen – sowohl bei Privat- als auch bei Geschäftskunden – hat der Verkäufer eine erhebliche Zeit im Straßenverkehr zugebracht, um die Chance eines persönlichen Kennenlernens zu nutzen. Je erklärungsbedürftiger das Produkt ist und je höher die Investitionssumme, umso höher ist der Aufwand der Präsentation. Während eine Zusatzversicherung mit einem monatlichen Aufwand von 50 oder 100 € normalerweise bereits beim ersten Kennenlernen konkret verhandelt wird, kann beim Kauf einer Kapitalanlage durchaus ein Zweit- oder ein Dritt-Termin erforderlich sein. Ein „normaler" Kunde honoriert diesen Aufwand und ist nicht abgeneigt, sich für die Beratung, die er erhalten hat, erkenntlich zu zeigen. Die Empfehlung gibt ihm eine einzigartige Chance, diesen Einsatz zu honorieren, insbesondere dann, wenn er sich nicht zum Kauf entschlossen hat. Hier ist also die Anbahnung neuer Kontakte als verstecktes Beratungshonorar zu werten. (Dieser Gedanke wird teilweise bereits in Verkaufsskripts als Aufhänger für die Empfehlungsfrage genutzt.)

Die Frage nach Empfehlungen wird vom Kunden durchaus als das empfunden, was sie ja auch ist: eine indirekte Streicheleinheit. In der speziellen Frage nach seinen Kontakten steckt eine entsprechende Aufwertung seiner Person, es bereitet ihm ein Gefühl von Stolz, dass er um seine Meinung gebeten wird. Er wird in die stärkere Position versetzt und kann entscheiden, ob er diesem Anliegen nachkommen möchte oder nicht. Gleichzeitig fühlt sich der Gesprächspartner aufgewertet, weil man ihm offensichtlich einen entsprechenden Bekannten- und Kollegenkreis zutraut, der für seine Empfehlungen offen ist. Je nach Formulierung des Verkäufers wird der Kunde einer exklusiven Zielgruppe zugeordnet und dadurch in seinem Geltungsbedürfnis gestärkt.

Nun gibt es allerdings auch negative Empfindungen, die sich auf die Frage nach einer Empfehlung einstellen: Das hängt sicher damit zusammen, dass die meisten Menschen sich vor dem Urteil anderer scheuen und deshalb Angst haben, die Adresse einer anderen Person weiterzugeben. Der Befragte hat die Befürchtung, bei Kollegen, Bekannten oder gar Freunden dadurch in Misskredit zu geraten, dass er deren Namen und Telefonnummer ohne vorherige Erlaubnis weitergibt. Diese Befürchtung ist einer der zentralen Einwände im Empfehlungsgespräch und wird genauso artikuliert. Darüber hinaus scheuen sich viele Kunden, das Produkt „mit anderen zu teilen". Damit ist nicht das Teilen im wörtlichen, sondern im übertragenen Sinne gemeint: Andere sollen nicht davon erfahren, dass z. B. ein Sparplan gezeichnet oder eine Eigentumswohnung zur Sicherung der Altersversorgung gekauft wurde. Dieser Wunsch nach Diskretion ist besonders stark und häufig beim Verkauf von Finanzdienstleistungen und Immobilien anzutreffen. Gerade in diesem Bereich versucht man, sich möglichst bedeckt zu halten. Der Erwerb eines neuen Pkws lässt sich allerdings nur schwer im Bekanntenkreis verbergen. Der Wunsch nach Diskretion tritt deshalb je nach Produkt unterschiedlich auf.

Während positive Emotionen also eher im unterschwelligen Bereich mitspielen, werden Befürchtungen dagegen größtenteils recht direkt artikuliert. Es gilt folglich, im Empfehlungsgespräch mit bestimmten Strategien auf die möglichen Kundenreaktionen einzugehen. Dass dabei die Einstellung eine gewichtige Rolle spielt, haben Sie in diesem Kapitel erfahren. Aber Ihre Einstellung und die Beherrschung des Empfehlungsgesprächs allein genügen nicht. Die Macht der Empfehlungsfragen entfaltet sich vor allem dann vollständig, wenn sie auf dem Fundament von vier Erfolgsfaktoren ruhen. Anders ausgedrückt: Empfehlungsfragen führen direkt zum Herzen des Empfehlungsgebers und des späteren neuen Kunden, wenn Sie

- ein Verkäufer mit Persönlichkeit sind,
- sich mit Ihrer Tätigkeit, Ihren Produkten und Ihrem Unternehmen identifizieren,
- strategisch vorgehen und Ihren Markt konsequent bearbeiten und
- Ihre verkäuferischen Fähigkeiten kontinuierlich und ganzheitlich optimieren.

Die vier Erfolgsfaktoren des Spitzenverkäufers

Erfolgsfaktor 1: Verkaufen mit Persönlichkeit

Im Verkauf nimmt die Persönlichkeit einen weitaus höheren Stellenwert ein als in anderen Jobs – das Verkaufen ist mehr Berufung als Beruf. Verkäuferische Argumentation kann das Verkaufsgespräch zwar abrunden, im Vordergrund jedoch steht immer der Verkäufer selbst als individuelle Persönlichkeit. Was aber ist Persönlichkeit? Das ist ein weites Feld. Es hat wohl etwas damit zu tun, dass es bei einem Menschen mit Persönlichkeit keinen Widerspruch gibt zwischen dem, was er sagt, äußert und von sich gibt, und dem, was er tut. Es liegt mithin keine Diskrepanz zwischen Wort und Tat, zwischen geäußerter Überzeugung und konkretem Handeln vor.

> Wer dem Kunden so gegenübertritt, wirkt authentisch, glaubwürdig und vertrauenswürdig. Wer hingegen „Ja" sagt, während die Körpersprache ein „Nein", einen Widerwillen, eine Abneigung signalisiert, wird vom Kunden nicht als authentische Persönlichkeit wahrgenommen.

Es liegt auf der Hand, dass ein Kunde eher dem authentischen Verkäufer sein Vertrauen schenkt, bei ihm eher etwas kauft und überdies eher bereit ist, ihm eine Empfehlung aus dem persönlichen Bekanntenkreis zu geben. Wichtig ist daher, dass Sie nicht nur an der Professionalisierung Ihres Empfehlungsmarketings arbeiten, sondern auch an Ihrer Persönlichkeitsentwicklung. Sie wissen: Sie haben keinen Wissensberuf, sondern zuallererst einen Verhaltensberuf gewählt. Die kontinuierliche Arbeit an den Einstellungen, Glaubenssätzen und Überzeugungen ist darum entscheidend für die Glaubwürdigkeit und den Erfolg der Empfehlungsfrage des Verkäufers. Dabei sollten Sie darauf achten, dass Sie Ihre Persönlichkeit unter gleichzeitiger Wahrung Ihrer persönlichen Integrität entfalten. Es geht nicht darum, sich zu verbiegen oder verbiegen zu lassen. Das würde dem Entwicklungsprozess auch zuwiderlaufen – Ihre authentische Wirkung wäre gefährdet. Ihre Aktivitäten im Bereich des Empfehlungsmarketings sollten daher zu Ihnen passen – bis hin zu den konkreten Formulierungen, mit denen Sie (dazu später mehr) die Empfehlungsfrage stellen. Lassen Sie es mich so ausdrücken:

> Entwickeln Sie sich zu der Persönlichkeit, die Sie selbst sein wollen. Entwickeln Sie Ihre Persönlichkeit in die Richtung, die Sie selbst wünschen.

Erfolgsfaktor 2: Identifikation mit Tätigkeit, Produkt und Unternehmen

Erfolgreiches Handeln hängt von den persönlichen Überzeugungen ab – so die Einstellung der verkäuferischen Persönlichkeit. Der zweite Erfolgsfaktor berührt diese Überzeugung: Spitzenverkäufer identifizieren sich mit ihrer Tätigkeit, sie lieben das Verkaufen als Berufung, sie sind eins mit ihrem Produkt und glauben an ihr Unternehmen. Und darum gelingt es ihnen, sich für ihre Tätigkeit zu begeistern, für sie zu entflammen – und nur begeisterte Verkäufer begeistern Kunden und können sie motivieren, die Empfehlungsfrage positiv zu beantworten.

Ein hoher Identifikationsfaktor führt dazu, dass Ihr Kunde den – berechtigten – Eindruck gewinnt, es gehe Ihnen darum, ihm mit einem Angebot einen optimalen Nutzen zu stiften. „Dieser Verkäufer ist so überzeugt von seinem Produkt und seiner Dienstleistung – es lohnt sich zu überlegen, welche meiner Bekannten den Nutzen dieser Angebote ebenfalls kennen lernen sollten."

Beachten Sie, dass Ihr Identifikationsfaktor nicht nur in Bezug auf Ihre Tätigkeit und Ihr Angebot hoch ausgeprägt sein sollte. Ähnliches muss für das Unternehmen gelten, das Sie repräsentieren. Denn was soll ein Kunde denken, der spürt, dass ein Verkäufer nicht hundertprozentig hinter seinem Unternehmen steht? Denn immerhin ist dieses Unternehmen in aller Regel sein Vertragspartner – und nicht der Verkäufer selbst. Bei Ihrem Kunden wird daher immer die Überlegung mitschwingen, ob nicht nur Sie und Ihr Produkt, sondern auch Ihre Firma einer Empfehlung würdig sind. Aber natürlich ist Identifikation keine Einbahnstraße: Das Unternehmen muss die Rahmenbedingungen schaffen, die diese Identifikation erlauben. Aber Sie sollten sie auch zulassen und sich fragen, wie Sie dazu beitragen können, diese Identifikation zu ermöglichen. So kann die „Königs-Identifikation" gelingen – die mit dem Kunden.

Erfolgsfaktor 3: Strategische Marktbearbeitung

Der dritte Erfolgsfaktor besteht in der Anwendung erfolgsorientierter Strategien. Denn irgendwann muss der Verkäufer seine Begeisterung auch „auf die Straße bekommen" und im konkreten Kundenkontakt aktualisieren. Der Kunde muss erfahren, welche Einstellung ihn antreibt und welche Problemlösungen er ihm anbieten kann. Spitzenverkäufer verfügen daher über eine Strategie, mit der sie neue Kunden ansprechen und gewinnen, um sie schließlich langfristig an sich und ihr Unternehmen zu binden.

Zur Marktbearbeitung gehört die permanente Beobachtung des Marktes und der Branche, in der Ihre Kunden, Ihre Wettbewerber und Sie tätig sind. Ihr strategischer Weitblick zeigt Ihnen anhand der aktuellen Entwicklungen, was der Kunde heute, aber auch morgen wünscht. Viele Topverkäufer verfügen über diesen „doppelten Blick" in die Gegenwart und in die Zukunft, der es ihnen ermöglicht, strategische Wettbewerbsvorteile auf- und auszubauen.

Ein Merkmal des strategischen Wettbewerbsvorteils besteht darin, dass Produkte und Dienstleistungen nicht nur die Anforderungen erfüllen, die vom Kunden als selbstverständlich vorausgesetzt werden. Vielmehr erhält er einen Nutzen, mit dem er niemals gerechnet hätte – entsprechend ist seine Begeisterung. In der Wahrnehmung des Kunden erreichen Sie so den Status der Einzigartigkeit. Und bei einem derart einzigartigen Produktnutzen, der einem von einem begeisterten Verkäufer mit Persönlichkeit nahegebracht wird, ist der Kunde gerne bereit, Empfehlungen zu geben.

Erfolgsfaktor 4: Verkäuferische Kompetenzen ganzheitlich ausbilden

Selbst wenn Sie der Welt größter Meister im Empfehlungsmarketing wären, würde diese Kompetenz allein nicht genügen, um Sie als erfolgreichen Verkäufer zu etablieren. Vielmehr sollten Sie alle notwendigen Fach-, Methoden-, Sozial- und Kommunikationskompetenzen so weit wie möglich entwickeln, etwa durch kontinuierliche Weiterbildung.

Wer bei der Empfehlung in der Champions League brilliert, aber in der Kreisklasse rumkrebst, wenn es darum geht, das Interesse des Kunden zu wecken, dessen Bedarf sauber zu ermitteln, nutzenorientiert zu argumentieren und Einwände zu entkräften, wird im Kundengespräch scheitern.

Der Erfolg eines Spitzenverkäufers ist mehr als die Summe seiner einzelnen Kompetenzen. Erst ihr Ineinanderwirken führt zu Synergieeffekten: „Das Ganze ist mehr als die Summe seiner Teile." Die ganzheitliche Ausbildung der verkäuferischen Kompetenzen ist notwendig, und dabei spielt das Empfehlungsmarketing nur eine Rolle, wenn auch eine gewichtige.

Entgegen landläufiger Meinung verlassen sich gerade Spitzenverkäufer nicht auf ihr Improvisationstalent, nach dem Motto: „Mir wird im Gespräch schon die richtige Empfehlungsstrategie und die angemessene Formulierung einfallen." Im Gegenteil: Für die meisten Situationen haben sie sich gleich mehrere Formulierungsalternativen überlegt – sie verwenden einen Großteil ihrer Vorbereitungszeit darauf, innovative Formulierungen zu kreieren, mit denen sie die Empfehlungsfrage stellen können.

Wer in seinem Argumentationsköcher über zahlreiche bewährte und kreative Musterformulierungen verfügt, gewinnt an Sicherheit und Souveränität und kann im aktuellen Kundenkontakt flexibel auf den treffendsten Argumentationspfeil zurückgreifen.

Fazit und Check-up

Erfolgreiche Verkäufer unterscheiden sich von ihren mittelmäßigen Kollegen weniger durch ihre Argumentationskraft im Kundengespräch als vielmehr durch ihre Persönlichkeit, die Einstellung zu ihrer Tätigkeit, den Identifikationsgrad mit ihrer Arbeit, den strategischen Überbau, der ihnen die kontinuierliche Marktbearbeitung erlaubt – und durch eine Vielzahl an Kompetenzen, die sie beherrschen. Dazu gehört das Empfehlungsmarketing, dessen Praxis wir uns nun zuwenden.

Zuvor jedoch ist es an der Zeit, einen Check-up zu den vier Erfolgsfaktoren durchzuführen, indem Sie einige Fragen beantworten.

> **Übung: Die vier Erfolgsfaktoren**
> In welchem der vier Bereiche (Persönlichkeit/Einstellung, Identifikation, Strategie, Kompetenzen) sehe ich meine größten Defizite und welche?
>
> _____
> _____
> _____
> _____
> _____
>
> Was muss ich tun, um diese Defizite auszuräumen?
>
> _____
> _____
> _____
> _____

Wie sehen meine ersten Umsetzungsschritte aus?

Empfehlungsmarketing in der Praxis 5

Die Ehrenurkunde, die der Kunde dem Verkäufer verleiht, ist die Empfehlung.

In den vorangegangenen Kapiteln haben wir die Bedeutung der Empfehlung als Weg der Neukundengewinnung theoretisch erörtert, die Gefühlswelt von Verkäufer und Kunde entsprechend reflektiert und den Versuch unternommen, bestehende Vorurteile zu diesem Thema zu erkennen, um uns eingehend mit ihnen und ihrer Wirkungsweise zu beschäftigen. Die nachfolgenden Ausführungen sollen Ihnen einen Leitfaden für die konkrete Formulierung der Empfehlungsfrage und für den Umgang mit typischen Kundenreaktionen an die Hand geben.

Wenn Sie sich mit den Formulierungshilfen und den praktischen Tipps beschäftigen, die Ihnen auf den nächsten Seiten präsentiert werden, ist es immer wieder wichtig, dass Sie an eines denken: Die vorgestellten Formulierungen und Gesprächshilfen können nur in den wenigsten Fällen von jedem unverändert übernommen werden. Jeder Verkäufer ist eine andere Persönlichkeit, jeder Verkäufer stellt sich anders dar – und für jeden Typ gilt es, passende Formulierungen zu finden. Es ist von zentraler Bedeutung zu erkennen, welche der Formulierungen in Ihren allgemeinen Sprachgebrauch passen. Bei einer gewissen Sensibilität gegenüber Ihrer eigenen Sprache merken Sie selbst sehr schnell, an welchen Stellen der Satz etwas abgeändert werden muss oder wo Sie sogar noch eine eigene Formulierung einbauen können. Nutzen Sie die hier vorgeschlagenen Sätze als Basisformulierungen. Es hat keinen Sinn, sie einfach auswendig zu lernen und gebetsmühlenartig zu wiederholen. Die Individualität und die Spontaneität, die einen guten Verkäufer auszeichnen, gehen dabei verloren – und dabei sind gerade dies Eigenschaften, die Ihr Kunde als sehr attraktiv empfindet. Der höchste Anspruch ist und bleibt, dass Sie sich mit Ihrem Verkaufsgespräch identifizieren und dass Sie authentisch bleiben. Der Kunde wird es Ihnen danken, wenn Sie ihm als Individuum gegenüberzutreten und auch ihn als Individuum wahrnehmen und behandeln. Die Sprache ist das wichtigste Instrument im Umgang mit Kunden.

Der „richtige" Zeitpunkt für die Empfehlungsfrage

Den optimalen Zeitpunkt für die Empfehlungsfrage festzulegen, ist nicht möglich. Es gibt ihn einfach nicht. Hier ist die Empathie des Verkäufers in besonderem Maße gefordert, um aus dem jeweiligen Gesprächsverlauf und dem jeweiligen Motivationsgrad des Kunden den optimalen Zeitpunkt zu erkennen und ihn dann gezielt wahrzunehmen. Allgemein lässt sich jedoch sagen, dass die Empfehlungsfrage in dem Moment am sinnvollsten erscheint, wenn der Kunde gerade unterschrieben hat. Ein Zitat von Boris Becker passt an dieser Stelle besonders gut: „Am besten lässt sich der Ball dann spielen, wenn er den Scheitelpunkt erreicht hat." Genauso wie ein Tennisspieler den Ball am besten schlagen kann, wenn er ihn auf der Höhe der Flugbahn trifft, so bietet sich dem Verkäufer im Gespräch mit seinem Kunden der optimale Zeitpunkt dann, wenn dieser über alle nutzenspezifischen Informationen verfügt bzw. der Kunde sich zum Kauf entschlossen hat. Aus dieser Erkenntnis heraus wird das Thema „Empfehlungsfrage" in der klassischen Verkäuferausbildung als Situation behandelt, die sich am Ende des Verkaufsgesprächs vollziehen soll. Diese Regel lässt sich jedoch variieren. Obwohl es als absolut ungeschickt gilt, die Frage nach einer Empfehlung während der Präsentation oder während der Abschlussfrage zu stellen, gibt es doch Verkäufer, die das Thema Empfehlung als eine Art Vorabschluss in den Kundendialog integrieren. Die berühmten Ausnahmen gibt es immer. Doch sehen wir uns zuerst einmal den bewährten Ablauf näher an: Nach der erfolgreichen Abschlussphase erfolgt eine Nachmotivation des Kunden, die optimalerweise als Sprungbrett für die Empfehlungsfrage dient (Abb. 5.1).

Der frühestmögliche Zeitpunkt, um einen Kunden für das Thema Empfehlung zu sensibilisieren, ist der Moment unmittelbar nach der Begrüßung und der Vorstellung. Erstaunt Sie diese Aussage? Stellen Sie sich folgende Situation vor: Sie sind pünktlich zum Kundentermin erschienen, haben den Kunden begrüßt, sich vorgestellt, vielleicht noch eine kurze „Aufwärmphase" genutzt, in der nette Konversation betrieben wird – etwa mit Worten wie „Haben Sie gut hierher gefunden?" oder: „Sie wohnen ausgesprochen ruhig hier". Und dann eröffnen Sie das eigentliche Gespräch beispielsweise mit folgender Formulierung:

> **Beispiel**
>
> *„Herr ..., mein Anspruch an unser heutiges Kennenlernen ist, dass Sie von unserem Produkt/unserer Dienstleistung so begeistert sind, dass Sie unser Unternehmen*

Abb. 5.1 Die Empfehlung in der Abschlussfrage des Verkaufsgesprächs

und damit auch meine Person später in Ihrem Bekannten-/Kollegenkreis weiter empfehlen werden. Dies ist mein Anspruch für unser heutiges Zusammensein."

Nach einer solchen Eröffnung schweigen Sie und sehen den Kunden an. Und er wird zum Beispiel antworten:

„Da bin ich ja mal sehr gespannt."

oder:

„Na, dann schießen Sie mal los!"

Mit dieser Formulierung haben Sie zwar keine explizite Frage nach Empfehlungen gestellt oder ausgelöst, wohl aber frühzeitig einen „Setzling" in den Boden gepflanzt, der zu einem „Empfehlungsspross" heranwachsen kann. Auf diese Art und Weise setzen Sie sich als Verkäufer ein wenig unter Zugzwang, um so im weiteren Verlauf des Gesprächs diesen Punkt als zentrales Thema im Auge zu behalten. Überlegen Sie bitte, welche Reaktion eine solche Formulierung bei Ihnen auslösen würde, wenn Sie der Kunde wären. Sicher würden Sie in etwa Folgendes denken:

„Dieser Verkäufer nimmt seine Sache sehr ernst. Er hat einen hohen Anspruch an unser Treffen und eine entsprechende Identifikation mit dem, was er mir anbietet." Eine solche Reaktion ist eine sehr gute Ausgangsposition für ein erfolgreiches Verkaufsgespräch, nicht wahr?

Die Nachmotivation als Sprungbrett für die Empfehlungsfrage

Sicher haben Sie diese Erfahrung selbst schon gemacht: Nach einer Entscheidung, die Sie getroffen haben, bekommen Sie Bestätigung von außen, richtig gehandelt zu haben: ein wunderbares Gefühl! Sie haben sich zum Beispiel das Auto gekauft, von dem Sie schon lange geträumt haben, und ein guter Freund oder Bekannter bestätigt Sie in dieser Entscheidung. Er gratuliert Ihnen und ist mit Ihnen vollkommen einer Meinung, dass Sie sich mit dieser Fahrzeugmarke für ein hervorragendes Preis-Leistungs-Verhältnis und für fortschrittliche Technik entschieden haben. Das tut einfach gut!

Jeder Mensch ist empfänglich für eine solche Bestätigung, nachdem er eine mehr oder weniger große Kaufentscheidung getroffen hat. Dieser Aspekt wird in der klassischen Verkaufspsychologie als Nachmotivation bezeichnet. Sie dient dem Ziel, den getroffenen Abschluss zu festigen und gleichzeitig einer eventuell auftretenden Kaufreue, dem so genannten „Kaufkater", vorzubeugen. Der Kunde ist nach der gemachten Zusage oft noch etwas verunsichert, ob er tatsächlich das Richtige getan hat und insofern für jede Zustimmung – auch von Seiten des Verkäufers – offen und dankbar. An dieser Stelle macht es durchaus Sinn, an die Gefühle des Kunden zu appellieren, seine Entscheidung zu bestärken und diese Nachmotivation als Sprungbrett für die nachfolgende Empfehlungsfrage zu nutzen. Wenn Sie in Ihrem Gespräch diese Phase ausfallen lassen und unmittelbar zur Empfehlungsfrage übergehen, entsteht ein gefühlsmäßiger Bruch. Mit der Nachmotivation bauen Sie eine Brücke, um elegant zur Empfehlungsfrage übergehen zu können. Für diese Phase der Nachmotivation stehen Ihnen unterschiedliche Formulierungen zur Verfügung.

In der Praxis bedankt sich ein Verkäufer oft für den soeben erhaltenen Auftrag. Dieses „Danke für den Auftrag" hat nichts mit einer Nachmotivation des Kunden zu tun. Mit einer solchen Formulierung wird sogar eher das Gegenteil erreicht, denn: Im Normalfall bedankt sich ein Mensch, wenn er etwas geschenkt bekommen hat. Schon als Kinder hat man uns beigebracht, uns zu bedanken, wenn wir ein Geschenk erhalten. Weshalb sollte sich also ein Verkäufer für den Abschluss bedanken? Meistens ist sich der Verkäufer der Auswirkungen dieser Worte gar nicht bewusst.

Gehören Sie auch zu den Danke-Sagern? Versuchen Sie einmal, sich eine Situation aus der Vergangenheit in Erinnerung zu rufen, in der sich ein Verkäufer bei Ihnen als Kunde vielleicht eine Spur zu überschwänglich für den Auftrag bedankt hat. Was hat dies bei Ihnen bewirkt? Hat sich Ihnen vielleicht die Frage aufgedrängt: „Wie viel hat der jetzt wohl an mir verdient?"? Dieser Gedanke ist eine ganz natürliche Reaktion. Ein einfaches „Danke" wird nicht unbedingt einen solchen Gedanken nach sich ziehen, lässt den Kunden aber immerhin innerlich leicht in diese Richtung tendieren. Auch wenn Sie ein Mensch sind, der dieses „Danke" leidenschaftlich verteidigt, müssen Sie zugeben: Eine Nachmotivation des Kunden ist es auf keinen Fall.

Etwas anders sieht es mit der Gratulation aus. Gerade nach einer größeren Investition ist die Formulierung „Herzlichen Glückwunsch!" durchaus üblich. Manche Verkäufer gehen sogar so weit, dass sie sich erheben und ihrem Kunden die Hand schütteln. Diese Form der Gratulation ist sicher bedeutend gewinnbringender als das Dankeschön, dennoch wirkt es leicht abgeschmackt: Schließlich wird Ihnen in jeder Bedienungsanleitung für einen neu erstandenen Toaster oder Trockenrasierer zu Ihrer Neuerwerbung gratuliert!

Zur Nachmotivation stehen jedoch noch einige andere Möglichkeiten zur Verfügung. Wenn Sie daran interessiert sind, den Kunden mit einer Formulierung in seiner Entscheidung zu bestätigen, die weit über das übliche „Hier haben Sie eine gute Entscheidung getroffen!" hinausgeht, dann bietet Ihnen die folgende *zukunftsweisende Methode* eine Formulierungshilfe. Mit ihr setzen Sie sich von den üblichen Äußerungen im Vertriebsalltag positiv ab und setzen persönliche Akzente. Die zukunftsweisende Methode basiert auf der psychologischen Erkenntnis: Menschen träumen gerne davon, in die Zukunft zu sehen. Dieser Wunsch kommt immer wieder zum Ausdruck. Er äußert sich durch die Unmengen an Prognosen, die wir für die Zukunft stellen, durch zukunftsorientierte Diskussionen, durch regelmäßiges Lesen des Horoskops oder sogar durch den Besuch bei einer Wahrsagerin. Träume bieten den Menschen Gelegenheit, aus der harten Realität zu fliehen – nichts entspannt mehr, als in einer Wunsch- und Traumwelt zu schwelgen. Diese Erkenntnis macht sich die zukunftsweisende Methode zunutze: Der Verkäufer erlöst den Kunden aus dem momentanen Abschlussdruck und lässt ihn von einem zukünftigen Zeitpunkt auf die soeben getroffene Entscheidung zurückblicken. Der Kunde hat die Gelegenheit, sich zurückzulehnen und zu entspannen. Vor seinem geistigen Auge ist der in Aussicht gestellte Nutzen bereits Realität geworden. Bei dieser Methode handelt es sich um eine so genannte Dreischritt-Methode, d. h. um eine rhetorische Abfolge von drei aneinander gereihten Phasen. Ein solcher Dreierschritt findet sich relativ oft in rhetorisch ausgefeilten Vorträgen, z. B. als Aufzählung positiver Eigenschaften oder in Witzen, die sehr oft um drei Personen oder drei verschiedene Situationen kreisen – die Pointe offenbart sich für gewöhnlich in der dritten Darstellung. Die Zahl Drei spielt in unserem Kulturkreis eine große Rolle, denken Sie nur an die vielen Märchen, in denen die Zahl Drei magische Kräfte besitzt. Nachfolgend finden Sie den genauen Ablauf dieser drei Phasen, die jeweils zu Beginn der Formulierung mit einem entsprechenden Signal eingeleitet werden (Abb. 5.2).

Phase 1 In dieser Phase geht es darum, die Gedanken des Kunden in die Zukunft zu richten. Das geschieht durch die Formulierung: *„Schon nach (wenigen)…"*. Die angesprochene Zeitspanne kann durch den Zusatz „wenig" bewusst relativiert werden. Es wird ein Zeitraum artikuliert oder auch ein entsprechender Zeitpunkt berücksichtigt, der selbstverständlich in erreichbarer Zukunft liegen sollte.

Phase 2 Im Anschluss wird die entsprechende Hypothese (Scheinannahme) skizziert. Hier gilt es, gemeinsam mit dem Kunden zu träumen, ihm den Nutzen seiner Entscheidung nochmals auf seine Person zugeschnitten darzustellen. Diese Phase wird eingeleitet durch das hypothetische Wörtchen *„Wenn"*. Das „Wenn" ist die entscheidende Einleitung der Hypothese und darf keinesfalls durch eine Formulierung ersetzt werden wie zum Beispiel: „Werden Sie". Denn durch eine solche Veränderung der Formulierung wird eine Behauptung bzw. Belehrung in den Raum gestellt, gegen die sich der Kunde automatisch wehren wird. Dieser Umschwung der emotionalen Befindlichkeit – es kommt sogar leicht gereizte Stimmung bis hin zu einem gewissen Maß an Aggression auf – kann in der Praxis immer wieder beobachtet werden, wenn der Verkäufer auf die falsche Schiene gerät.

Die zweite Phase bildet den Dreh- und Angelpunkt der zukunftsweisenden Methode und ist im weiteren Verlauf des Gesprächs für die gefühlsmäßige Ansprache von entscheidender Bedeutung.

Es versteht sich von selbst, dass in dieser Phase ausschließlich positive Gegebenheiten skizziert werden. Beim Verkauf von Krankenversicherungen wird sich der Verkäufer hüten, etwa einen Krankenhausaufenthalt des Kunden oder eine Arztbehandlung für die Zukunft zu suggerieren. Eventuelle negative Vorkommnisse sollten demnach immer auf eine dritte neutrale Person verlagert oder erst gar nicht artikuliert werden.

Phase 3 Am Ende der Formulierung wird ein Fazit gezogen. Aus der geschilderten Wunschvorstellung wird der Kunde mit der Formulierung *„Spätestens dann werden Sie…"* oder auch: *„… werden Sie rückblickend sagen…"* sanft in die Realität zurückgeholt. Beide Formulierungen suggerieren unterschwellig, dass der Kunde dieser angestrebten Erkenntnis schon früher zustimmt.

Zukunftsweisende Methode zur Nachmotivation

Phase 1

Maßeinheit:
„Schon nach (wenigen) …"

Phase 2

Hypothese:
„Wenn Sie feststellen …,"

Phase 3

Fazit – Folgerung:
„… spätestens dann werden Sie …,"
„… werden Sie rückblickend sagen …,"

Abb. 5.2 Die Dreischritt-Methode im Empfehlungsgespräch

Formulierungen – zukunftsweisende Methode

- Ein Automobilverkäufer könnte zum Beispiel sagen:
  „***Schon nach*** *der ersten längeren Reise mit Ihrem neuen Fahrzeug,* ***wenn*** *Sie immer wieder erstaunt zur Tankuhr blicken, werden Sie überlegen, wie das denn sein kann, dass ein Fahrzeug mit dieser Leistung so wenig Treibstoff verbraucht. Und dann,* ***wenn*** *Sie beim Tankstopp einmal durchrechnen, dass Sie durchschnittlich nur einen Verbrauch von sieben bis acht Litern auf 100 Kilometer*

erreicht haben – **spätestens dann werden Sie** *froh sein, dass Sie sich für einen Dieselantrieb entschieden haben.*"

oder:

„*Schon unmittelbar nach der ersten großen Reise,* **wenn Sie** *nach 800 Kilometern und mehr entspannt und in körperlich exzellenter Verfassung aus dem Fahrzeug steigen und Ihnen diese Fahrtstrecke bedeutend kürzer vorkam als auf früheren Reisen,* **werden Sie rückblickend sagen:** *Es war gut, den Mehrpreis für die Komfortsitze zu investieren.*"

- Ein Verkäufer von Massivhäusern könnte sagen:
„*Schon nach den ersten kalten Tagen,* **wenn Sie** *die wohlige gleichmäßige Wärme einer Fußbodenheizung schätzen gelernt haben, wenn Sie bemerkt haben, wie gleichmäßig sich die Raumtemperatur entwickelt, und Sie statt mit dicken Fellschuhen barfuß oder mit Socken durchs Haus gehen könnten,* **spätestens dann** *werden Sie sich zu Ihrer Fußbodenheizung beglückwünschen.*"

oder:

„*Schon nach wenigen Wochen,* **wenn Sie** *die kurzen Wege zu den notwendigen Einkaufsmöglichkeiten, den nahe gelegenen Kindergarten und die ausgesprochen ruhige Lage schätzen gelernt haben,* **werden Sie** *rückblickend zu sich und zu Ihrer Frau sagen: Es war gut, sich für diesen Bauplatz zu entscheiden und für diese Annehmlichkeiten des täglichen Lebens einen geringfügig höheren Quadratmeterpreis in Kauf zu nehmen.*"

- Ein Verkäufer von Kapitalanlagen könnte sagen:
„*Schon unmittelbar,* **wenn Sie** *die nächste Steuererklärung in den Händen halten und* **wenn Sie** *dann Schwarz auf Weiß sehen, wie viel das Finanzamt auf Ihr Privatkonto überweisen muss, und wenn Sie sich gleichzeitig überlegen, für welchen lang gehegten Wunsch Sie diesen Betrag jetzt nutzen wollen,* **spätestens dann** *werden Sie sich sagen: Es war gut, die gesetzlichen Möglichkeiten der Steuerersparnis zu nutzen und von dem Geld, das Sie sich hart erarbeitet haben, den größtmöglichen Teil in Ihren Vermögensaufbau und in Ihre Lebensqualität einfließen zu lassen.*"

oder:

„*Schon bei der nächsten Schlagzeile in der Zeitung,* **wenn** *es wieder einmal heißt, dass der Gesetzgeber die steuerliche Belastung weiter erhöht, um die leeren Kassen zu füllen, und bei Ihnen zwangsläufig die Frage aufkommt: Macht es überhaupt Sinn, weiterhin so viele Überstunden zu leisten, wenn am Monatsende nichts übrig bleibt,* **werden Sie** *rückblickend sagen: Es war gut, eine solche Investition zu tätigen, bevor der Gesetzgeber in absehbarer Zeit auch diese letzte Lücke schließt.*"

- Wenn Sie aber zum Beispiel Versicherungen verkaufen, ist es selbstverständlich nicht sinnvoll, den Schadensfall oder vergleichbare widrige Umstände auf die Situation des Kunden zu übertragen. Hier bietet es sich vielmehr an, aus der Perspektive eines Dritten zu berichten. Das könnte ein Versicherungsvertreter wie folgt formulieren:

„*Schon bei der nächsten Schilderung im Bekannten- oder Kollegenkreis, **wenn Sie** hören, dass jemand nach einem Unfall in finanzielle Bedrängnis kam, weil er der Überzeugung war, dass ihm ein solches Missgeschick bestimmt nicht widerfährt, und er glaubte, fünfzig oder hundert Mark pro Monat einsparen zu können, **spätestens dann** werden Sie sich sagen:*

Auch für solche Extremfälle bin ich wenigstens in finanzieller Hinsicht auf der sicheren Seite und brauche mir diesbezüglich keine Gedanken zu machen."

oder:

„*Schon beim nächsten Zusammensein im Bekanntenkreis, wenn es wieder einmal um die Erfahrungen bei Arztbesuchen geht und Ihnen zu Ohren kommt, dass die gesetzliche Krankenkasse bestimmte Leistungen nicht übernimmt und daher die Ersparnisse des Einzelnen in Anspruch genommen werden müssen, die eigentlich für den Jahresurlaub zurückgelegt worden waren, **spätestens dann** werden Sie sich sagen: Es war gut, in die private Krankenversicherung zu wechseln, die solche Leistungen bedeutend großzügiger erstattet.*"

Diese Formulierungsbeispiele zeigen Möglichkeiten für die zukunftsweisende Methode. Formulieren Sie – bezogen auf Ihr Produkt und Ihre Branche – mit eigenen Worten Beispiele für Ihre tägliche Verkaufspraxis. Feilen Sie so lange an Ihren Formulierungen, bis sie den Kriterien *und* Ihrem persönlichen Sprachgebrauch entsprechen.

Übung: Nachmotivation mit der zukunftsweisenden Methode

Mein Produkt:

    Meine Formulierungen:

_____

_____

_____

_____

_____

_____

_____

_____

_____

_____

_____

_____

_____

_____

_____

_____

_____

_____

_____

_____

Die Frage nach der Empfehlung

Zur Empfehlungsfrage gibt es bisher nur wenig Literatur. Auch wenn sie in einigen Verkaufsleitfäden angeschnitten wird, finden sich in den meisten Fällen lediglich die zwei klassischen Formulierungshilfen. Die erste hört sich ungefähr so an:

Die Frage nach der Empfehlung

> **Beispiel**
>
> „Herr…, die heutige Beratung hat Ihnen zum Thema X sicher sehr viele neue Erkenntnisse und kostbare Informationen geliefert. Die Beratung als solche ist für Sie selbstverständlich kostenlos. Als Anerkennung für meine Arbeit erwarte ich lediglich von Ihnen drei bis fünf Empfehlungen. Wen können Sie mir da bitte nennen?"

Diese Formulierung mit dem Ansatz, Empfehlungen als verstecktes Beraterhonorar einzufordern, kann durchaus funktionieren und wurde über Jahre hinweg von Verkäufern mit unterschiedlichem Erfolg angewandt. Wenn Sie sich jedoch mit dieser Formulierung näher beschäftigen, werden Sie schnell feststellen, dass hier ganz klar die Person des Verkäufers in den Vordergrund gestellt wird: Die Formulierung ist deutlich im „Ich-Standpunkt" formuliert. Es ist somit offensichtlich, dass es dem Verkäufer ausschließlich um seinen eigenen Nutzen geht. Gleichzeitig wird ein subtiler Druck ausgeübt, da der Kunde bereits eine Leistung erhalten hat und es folglich nur allzu „fair" erscheint, dafür einen Ausgleich einzufordern.

Der zweite klassische Formulierungsvorschlag lautet ungefähr so:

> **Beispiel**
>
> „Herr…, Sie haben sicher schon festgestellt, dass unser Unternehmen nicht in teure Werbeanzeigen und aufwändige Kampagnen investiert, sondern stattdessen das Geld für die Weiterentwicklung des Produkts einsetzt. Aus diesem Grund sind wir natürlich auf Ihre Unterstützung angewiesen. Deshalb möchte ich Sie bitten, mir den Namen und die Telefonnummer von einigen Bekannten zu nennen, für die dieses Produkt ebenfalls in Frage kommt."

Fällt Ihnen auch hier wieder die explizit verkäuferorientierte Vorgehensweise auf? Dem Kunden wird suggeriert, dass er es hier mit einem Partner zu tun hat, der im Vergleich zu anderen Unternehmen das Geld nicht für unnütze Werbung ausgibt, sondern durch die Methode der Weiterempfehlung eine bedeutend bessere Leistung bieten kann.

Neben diesen beiden „Klassikern" der Empfehlungsfrage findet sich in der Praxis vereinzelt immer noch eine Form des Kundendialogs, der schwerpunktmäßig auf einer Aneinanderreihung von Suggestivfragen basiert und auch als „Ja-Fragen-Schiene" bezeichnet wird. Ein solcher Dialog könnte sich zum Beispiel so anhören:

> **Beispiel**
>
> Verkäufer: „Hat Ihnen das Gespräch als solches gefallen?"
> Kunde: „Ja."

Verkäufer: „*Waren hier Informationen dabei, die für Sie wichtig waren und die Ihnen völlig neue Erkenntnisse gebracht haben?*"
Kunde: „*Ja!*"
Verkäufer: „*Glauben Sie, dass es auch für viele andere Menschen (in einer vergleichbaren Situation) interessant wäre, über diese Information zu verfügen?*"
Kunde: „*Ja, sicher!*"
Verkäufer: „*Wer fällt Ihnen denn da ein, für den es interessant sein könnte, diese Information auch zu bekommen?*"

Eine Methode, die ein Profi-Verkäufer besser links liegen lässt, denn: Diese „Ja-Fragen-Schiene" ist ausgesprochen plump, und es besteht die Gefahr, dass Kunden diese Vorgehensweise als solche erkennen und mit Verstimmung reagieren.

Fordert man in einem Verkaufstraining die Teilnehmer auf, einmal eine Empfehlungsfrage zu formulieren, dann erhält man fast immer den gleichen Vorschlag: „*Kennen Sie sonst noch jemanden, für den es auch interessant wäre, zu diesem Thema einmal ein Gespräch zu führen?*"

Wenn Sie sich bereits mit den Grundregeln der Fragetechnik auseinandergesetzt haben, werden Sie sofort erkennen, dass es sich bei dieser Frageform um eine so genannte geschlossene Frage handelt: Sie bietet dem Gesprächspartner lediglich die Möglichkeiten, mit „Ja" oder „Nein" zu antworten. Verkaufsprofis wissen, dass diese Frageform im Umgang mit Kunden eine große Gefahr in sich birgt. Kunden liegt das „Nein" bereits auf der Zunge; durch die vielen Forderungen, mit denen sie sich tagtäglich konfrontiert sehen, ist der Reflex zur Abwehr größer geworden. Eine Verneinung ist natürlich in diesem Fall der bequemere Weg, sie erspart das Nachdenken und den Mehraufwand, der betrieben werden muss. In einschlägigen Untersuchungen findet sich immer wieder die Behauptung, dass ein Kunde mit siebzig- bis achtzigprozentiger Wahrscheinlichkeit auf eine geschlossene Frage mit einem „Nein" antwortet. Folglich ist eine Kurzfrage für diese Situation ausgesprochen gefährlich, da der Verkäufer nach einem „Nein" des Kunden gezwungen ist, jede Menge Energie zu investieren, um die Situation zu retten. Auch in diesem Fall gilt: Eine ungeschickt formulierte Frage nach Empfehlungen ist immer noch besser als gar keine Frage. Verwendet ein Verkäufer ausschließlich die Kurzfrage und stellt diese nur oft genug, dann wird auch er entsprechende Zuläufer verzeichnen können, die bereit sind, den einen oder anderen Namen zu nennen. Denjenigen, die einer solchen kurzen und prägnanten Vorgehensweise der ausführlichen Empfehlungsformulierung gegenüber den Vorzug geben, sei geraten, sich zumindest eine offene Frageform anzueignen. Eine offene Frage bedeutet in diesem Zusammenhang, dass der Kunde nicht vor die Entscheidung zwischen „Ja" und „Nein" gestellt, sondern motiviert wird, über potenzielle Adressen nachzudenken. In der Literatur wird für die „offene Frage" auch der Begriff „W-Frage" angeführt. Bei dieser Art von Fragen wird immer ein W-Fragewort vorangestellt.

> **W-Fragen zur Empfehlung**
>
> - *„Für **wen** aus Ihrem Bekanntenkreis ist ein Gespräch zu diesem Thema denn einmal interessant?"*
> - *„**Wer** ist in einer vergleichbaren Situation wie Sie, sodass er aus einem solchen Gespräch ebenfalls einen entsprechenden Nutzen ziehen kann?"*

Diese Vorgehensweise ist natürlich kein Patentrezept; eine offene Frage ist allerdings wesentlich vorteilhafter als die bereits vorgestellten „geschlossen" Frage-Formulierungen.

Nach meiner persönlichen Erfahrung ist die nachfolgende Empfehlungsfrage nahezu optimal, da sie ein Höchstmaß an Kundenorientierung aufweist und auf den Bekannten/Kollegen des Empfehlungsgebers abstellt. Diese Formulierung wurde in den vergangenen Jahren mit zahlreichen Verkaufsprofis zusammen erarbeitet und wird in der Praxis immer wieder mit überdurchschnittlichem Erfolg eingesetzt.

Übernehmen Sie den „roten Faden" der folgenden Formulierung – auch hier geht es wieder darum, die Aussage auf Ihre eigenen Inhalte, Ihren persönlichen Sprachgebrauch, Ihr entsprechendes Produkt und Ihre Person zu übertragen:

„So wie Sie heute – (spezifischer Nutzen) – so ist da möglicherweise der eine oder andere Bekannte oder Kollege, der davon noch nichts weiß, ja vielleicht noch nicht einmal ahnt, dass es das gibt. Wenn es nun darum geht, jemanden darüber zu informieren, ihm hiermit einen Gefallen zu erweisen, an wen denken Sie dann spontan, an jemanden aus Ihrem Bekanntenkreis oder eher an jemanden aus Ihrem beruflichen Umfeld?"

Lassen Sie uns diese Vorgehensweise einmal etwas detaillierter betrachten: Die gesamte Formulierung ist geprägt durch den so genannten „Sie-Standpunkt". Worte wie „Ich, mir, meine, mich" werden vermieden und der Gesprächspartner steht vollkommen im Vordergrund. Es wurde bereits erwähnt, dass die meisten Verkäufer das so genannte Bittsteller-Syndrom haben. Bei der obigen Formulierung steht nicht der Gedanke, dass der Kunde etwas für den Verkäufer tut, im Vordergrund, sondern die Tatsache, dass der Kunde etwas Gutes für einen Bekannten oder Kollegen erwirken und dadurch selbst Vorteile erlangen kann. Die Zielrichtung ändert sich also durch diese Formulierung gänzlich. Vergessen Sie bitte nicht, dass die Bindung zwischen Ihrem jetzigen Gesprächspartner und einem seiner Bekannten oder Kollegen in jedem Fall höher ist, als Sie es durch ein oder zwei noch so vertrauensvolle Kundentermine erreichen könnten. Folglich ist anzunehmen, dass die Motivation, einer Person aus dem persönlichen Umfeld einen Gefallen zu erweisen, bedeutend höher ist als die, Ihnen einen Gefallen zu tun.

Zu Beginn der Formulierung wirkt die in Kurzform verstärkte Wiederholung des Nutzens, den der Kunde erworben hat. Hier kann man auch von der rhetorischen Feinheit „D = 3 W" sprechen, welche bedeutet, dass durch Doppelung eine dreifache Wirkung entsteht. Sie haben bereits im Verlauf des Gesprächs den Nutzen gezielt definiert und doppeln jetzt mit dem Einstieg in die Empfehlungsfrage die zentrale Botschaft in der Wiederholung.

Mit der Aussage „*… der davon noch nichts weiß, ja vielleicht noch nicht einmal ahnt, dass es das gibt …*" gestehen Sie Ihrem momentanen Gesprächspartner eine Sonderposition zu, sozusagen eine Alleinstellung. Damit wird gleichzeitig suggeriert, dass es wohl sehr egoistisch wäre, diesen Nutzen allein für sich in Anspruch nehmen zu wollen. Wenn Sie dem roten Faden der Formulierung folgen, merken Sie, dass das Wort „Empfehlung" gar nicht verwendet, sondern durch die Formulierung „Gefallen erweisen" ersetzt wird. Dazu passt ein Zitat von Johann Wolfgang von Goethe, der einmal gesagt hat:

▸ Menschen sind dazu angelegt, anderen einen Gefallen zu erweisen. Aus diesen wechselseitigen Abhängigkeiten entsteht ein starkes gefühlsmäßiges Band, das Menschen verbindet.

Überlegen Sie bitte einmal, wie oft die Formulierung „jemandem einen Gefallen erweisen" oder „jemandem einen Gefallen tun" oder „sich für einen Gefallen revanchieren" tagtäglich im menschlichen Miteinander benutzt wird. Dieses „Jemandem-einen-Gefallen-tun" ist in jeder Hinsicht in unserem Alltag fest verankert. Und im Rahmen unseres Themas geht es um einen Gefallen, den der Kunde einem seiner Bekannten oder Kollegen erweist – also nicht darum, dem Verkäufer Vorteile zu verschaffen. Mit dieser Sichtweise sind Sie nicht nur erfolgreicher, was den Erhalt von Empfehlungen betrifft, mit dieser Einstellung erleichtern Sie sich selbst den Umgang mit diesem Thema insgesamt.

Die sich anschließende Frage ist weder eine Formulierung in geschlossener noch in offener Form, sondern – wie Sie sicher sofort erkannt haben – eine so genannte *Alternativfrage*:

Beispiel

„*… an wen denken Sie dann spontan, an jemanden aus Ihrem Bekanntenkreis oder eher an jemanden aus Ihrem beruflichen Umfeld?*"

Diese Frageart ist den meisten Lesern sicher von der typischen Formulierung für die Terminabsprache her bekannt, bei der es darum geht, einem gewünschten Gesprächspartner zwei verschiedene Termine zur Auswahl anzubieten. Diese Vorgehensweise in Bezug auf die Terminierung eines Kunden ist inzwischen auch den Kunden selbst bekannt und sollte daher vorsichtig gehandhabt werden. Sie ist einfach zu oft angewandt worden und als Strategie bekannt. Die Wahrscheinlichkeit ist also gegeben, dass der Kunde bei einem solchen Versuch der Terminierung Widerstände zeigt. Für die Situation der Empfehlungsfrage, die wir hier behandeln, hat die Alternativfrage jedoch erhebliche Vorteile: Sie signalisiert dem Kunden, dass Sie es für selbstverständlich halten, dass er jemanden kennt, für den es interessant ist, Sie als Verkäufer kennenzulernen. Gleichzeitig hat der Kunde die Möglichkeit zu entscheiden, ob eher jemand aus seinem privaten oder geschäftlichen Umfeld in Betracht kommt. Durch die Alternativfrage wird unvermittelt ein Prozess in Gang gesetzt. Der Befragte unterteilt in einem ersten Schritt den in seiner Umgebung vorhandenen Personenkreis in zwei Gruppen: in den privaten Bekannten-, Verwandten- oder Freundeskreis und auf der anderen Seite in die Gruppe von Menschen, mit denen er im Berufsleben oder im geschäftlichen Umfeld regelmäßig Kontakt hat. Er wird durch die gestellte Frage also direkt auf eine der Gruppen und auf die Überlegung hingesteuert: „Wer von ihnen kommt in Betracht?" *Dass* überhaupt jemand in Betracht kommt, wird gar nicht in Zweifel gezogen. Vor dem geistigen Auge des Kunden erscheinen beide Gruppen, und er wird sich für die aus seiner Sicht geeignetere Gruppe entscheiden.

Selbstverständlich gilt auch hier wieder: Finden Sie die Formulierung, die zu Ihnen passt, d. h. wandeln Sie diese auf Ihre individuellen Bedürfnisse abgestimmt leicht ab. Insbesondere dann, wenn Sie als Verkäufer ein Produkt anbieten, das stark auf die private Nutzung ausgerichtet ist, kommt Ihnen diese Vorgehensweise sehr entgegen.

- Für einen Investmentfonds-Verkäufer könnte die Formulierung abgewandelt ungefähr folgendermaßen lauten:

> **Beispiel**
>
> *„Herr …, so wie Sie jetzt eine Möglichkeit kennen gelernt haben, eine erheblich höhere Rendite für Ihr Erspartes zu erzielen, in jedem Fall mehr als die durchschnittlich banküblichen Zinsen, so ist da möglicherweise der eine oder andere Bekannte oder Kollege, der davon nichts weiß, ja vielleicht immer noch mit Sparbuch oder Festgeldanlagen arbeitet und noch nicht einmal ahnt, welche Möglichkeiten diese Sparform bietet. Wenn es nun darum geht, jemandem einen guten Tipp zu geben, vielleicht auch einen Gefallen zu tun, damit er einmal in Ruhe prüfen kann, inwiefern es für ihn ebenfalls Sinn macht, einen Teil seines Vermögens so renditestark anzulegen, sagen Sie, denken Sie in diesem Zusammenhang eher an jemanden aus*

Ihrem privaten Umfeld oder eher an einen guten Kollegen an Ihrem Arbeitsplatz, der hierfür auch immer ein offenes Ohr hat?"

Übung: Persönliche Empfehlungsfrage
Meine Formulierung:

- Folgende Formulierung bietet sich für einen Versicherungsverkäufer an:

> **Beispiel**
> „Herr …, so wie Sie jetzt zukünftig die Möglichkeit nutzen, das Finanzamt an der Absicherung Ihrer Familie zu beteiligen, und neben dem steuerlichen Vorteil einen weiteren Baustein für Ihre private Altersvorsorge nutzen, so ist da möglicherweise der eine oder andere aus Ihrem Bekannten- oder Kollegenkreis, der sich mit so einem brisanten Thema bisher überhaupt nicht auseinandergesetzt hat, dem gar nicht bewusst ist, wie viel Geld er über eine Zeitspanne von fünf oder zehn Jahren verliert, weil er die gesetzlichen Regeln nicht kennt, und der vielleicht noch nicht einmal ahnt, dass sich hier einmal ein solcher Vermögensvorteil ergibt. Wenn es nun darum geht, jemandem einen Gefallen zu tun, sich vielleicht auch für einen Gefallen erkenntlich zu zeigen, an wen denken Sie da spontan? Eher an jemanden aus Ihrem Tennisklub, mit dem Sie nach einem gelungenen Match schon einmal über solche Themen diskutieren, oder eher an einen Geschäftsfreund, dem an aktuellen Informationen und an einem entsprechenden Vergleich immer gelegen ist?"

Lassen Sie uns einmal vom positivsten Fall ausgehen: Der Kunde nennt Ihnen mehr oder weniger spontan einen oder zwei Namen. Die Qualität dieser Empfehlungen können Sie durch den im nächsten Abschnitt beschriebenen Fragenkatalog sogar noch weiter optimieren! Doch bevor Sie dies tun, macht es je nach Gesprächsverlauf und Situation durchaus Sinn, noch ein wenig nachzuhaken, indem Sie zum Beispiel gleich die Frage anschließen:

> **Beispiel**
> „Wer kommt darüber hinaus/außerdem noch in Betracht?"
> oder:
> Wer fällt Ihnen darüber hinaus/außerdem noch ein?

Nennt Ihnen der Kunde dann noch einen oder sogar zwei weitere Namen von potenziell Interessierten, dann können Sie ganz klar ein absolutes Erfolgserlebnis für sich verbuchen! Ihr eindeutig definiertes Ziel bei der Empfehlungsfrage ist es, von Ihrem Gesprächspartner einige qualitativ hochwertige Empfehlungen zu bekommen – Sie wollen nicht das Adressbuch Ihres Ansprechpartners! Denn hier gilt die in der Praxis bewährte Regel: „Klasse statt Masse!"

Fragenkatalog zur Qualifizierung der Empfehlung

Sie sind also in der glücklichen Lage, einen oder mehrere Namen erhalten zu haben: Die Qualität dieser Empfehlungen kann nun durch entsprechende Hintergrundinformationen sogar noch weiter optimiert werden. Eine bessere Qualität erhalten die Namen, wenn sie mit Zusatzinformationen versehen werden, das heißt, wenn Sie von der empfohlenen Person noch so viel erfahren, dass Sie sich zumindest ein ungefähres Bild von ihr machen können. Auf diese Weise gelingt es Ihnen, diese Person besser einzuschätzen und sicherer entscheiden zu können, welchen der Empfehlungen eine höhere Priorität in der Bearbeitung zukommt. Der folgende Fragenkatalog dient Ihnen als Hilfestellung bei der Qualifizierung der genannten Personen. Seien Sie sich dabei aber bitte bewusst, dass er nicht in Bezug auf jeden genannten Namen in genau dieser Folge und auf diese Art und Weise angewandt werden kann. Das würde sich nämlich so anhören, als würden Sie Ihren Kunden ins Examen nehmen – und Sie wissen ja: Kein Mensch hat gerne das Gefühl, dass er ausgefragt wird! Filtern Sie aus den nachfolgenden exemplarischen Fragen die für Sie wichtigen Punkte heraus, also die Punkte, die für Ihr Produkt und Ihre Vorgehensweise von Bedeutung sind. In dieser Gesprächsphase kann es durchaus von Vorteil sein, bestimmte Informationen alternativ, mindestens jedoch offen zu erfragen. Hierzu einige Beispiele:

Fragen zur Qualität von Empfehlungen

> **Beispiel**
> *„Wie kommen Sie spontan gerade auf ihn/sie?"*

Diese Frage an den Kunden zieht oft eine zentrale Begründung nach sich, die beschreibt, weshalb die genannte Person aus Sicht des Befragten von dem Kontakt mit Ihnen als Verkäufer profitieren könnte. Die Begründung ist meist nicht kurz angelegt, sondern umfasst mehrere Sätze, die meist eine Reihe von weiteren Informationen enthalten. Manchmal erhalten Sie durch diese erste Nachfrage so vielfältige Hinweise über das Umfeld des Empfohlenen, dass Sie sich bereits ein gutes Bild von ihm machen können und weiteres Nachfragen überflüssig wird. Sollte dies nicht der Fall sein, eignet sich als weitere Einstiegsfrage hervorragend:

> **Beispiel**
> *„Wie gut/wie lange kennen Sie ihn?"*

Auch auf diese Frage hin beginnen viele Gesprächspartner zu plaudern. Meist erhalten Sie so viele Hintergrundinformationen über den Empfohlenen, dass sich weitere Rückfragen erübrigen.

> **Beispiel**
> *„Haben Sie seine Telefonnummer im Kopf oder ist es erforderlich, dass Sie im Adressbuch nachschauen?"*

Eine Antwort auf diese Frage gibt Ihnen Auskunft über das Verhältnis zwischen Empfehlungsgeber und Empfohlenen. Aus Erfahrung wissen wir, dass die meisten Menschen nur die Telefonnummern von Personen aus ihrem engeren Umfeld abrufbereit haben, ohne auf ihr Adressbuch angewiesen zu sein.

> **Beispiel**
> *„Ist es besser, tagsüber im Büro bei ihm anzurufen, oder halten Sie es für geschickter, am Abend privat durchzurufen?"*

Hier beweisen Sie Ihrem Gesprächspartner, dass Sie ein Mensch sind, der die Privatsphäre anderer toleriert und sich gewisser Spielregeln durchaus bewusst ist. Sie würden beispielsweise einen potenziellen Interessenten nicht in seinem Arbeitsumfeld behelligen. Dieser Zug wirkt sich immer positiv auf die Kontaktaufnahme aus und Sie bleiben auch Ihrem jetzigen Gesprächspartner in angenehmer Erinnerung.

> **Beispiel**
> *„Wohnt er auch hier oder im näheren Umfeld?"*

Mit dieser Formulierung können Sie besonders gut die Frage nach der genauen Adresse einleiten. Oft wird die konkrete Antwort auf die gestellte Frage noch kombiniert mit einem Hinweis, wie lange die betroffene Person bereits dort wohnt, oder über welche Wegstrecke Sie die genannte Adresse am besten erreichen.

> **Beispiel**
> *„Ist Ihr Bekannter/Kollege verheiratet so wie Sie oder ist er ledig?"*

Die familiäre Situation kann je nach Produkt einen wichtigen Stellenwert einnehmen. Insbesondere wenn es darum geht, einen Verkaufstermin abzustimmen. Dann ist es nämlich von bedeutendem Vorteil zu wissen, ob die empfohlene Person eine Entscheidung alleine treffen kann oder ob eventuell der Lebenspartner mit zu berücksichtigen ist. Es kann auch angebracht sein, nach vorhandenen Kindern zu fragen und sich vielleicht sogar die Namen der Kinder zu notieren, um hier beim ersten persönlichen Kennenlernen einen optimalen Einstieg zu finden.

> **Beispiel**
> *„Wenn es dort um Entscheidungen zum Thema X geht, wer kümmert sich überwiegend in der Familie darum? Kümmert er sich hauptsächlich um diese Angelegenheiten, oder ist die Dame des Hauses eher dafür verantwortlich?"*

Die Frage der Kompetenzauslotung – natürlich nur sinnvoll bei Ehepaaren oder bei geschäftlichen Empfehlungen, wenn zum Beispiel zwei Unternehmensinhaber genannt wurden – vertieft in vielen Fällen die Berücksichtigung des richtigen Ansprechpartners. Eine ganz besondere Bedeutung hat diese Frage vor allem bei kleineren Handwerksbetrieben oder bei Ärzten. Seminarteilnehmer berichten immer wieder davon, dass die Ehefrau sich gewöhnlich um administrative Abläufe im Betrieb oder in der Praxis kümmert, während der Ehemann ausschließlich damit beschäftigt ist, auf der Baustelle zu arbeiten bzw. Patienten zu behandeln. Hier kann es Ihnen passieren, dass Sie schon mit der ersten falschen Ansprache eine Empfehlung verschenken, indem Sie nämlich zum Beispiel bei der ersten Kontaktaufnahme am Telefon nach dem Ehemann mit Doktortitel oder dem in die Handwerksrolle eingetragenen Meister fragen, seine Partnerin dabei vollkommen übergehen und so ihr Geltungsbedürfnis verletzen. Gerade in dieser Frage lassen viele Vertriebsmitarbeiter noch ein antiquiertes Rollenverständnis erkennen, das ihnen in der Praxis kurz- oder langfristig nur zum Nachteil gereichen kann: Keine(r) lässt sich gerne auf ein Geschäft mit jemandem ein, von dem man zuvor übergangen worden ist!

> **Beispiel**
> *„Ist er auch freiberuflich tätig so wie Sie oder ist er Arbeitnehmer?"*

Durch die Frage nach der beruflichen bzw. unternehmerischen Tätigkeit entsteht ebenfalls ein gewisses Maß an Transparenz, das Ihnen hilft, sich ein besseres Bild von der Person des Empfohlenen zu machen.

> **Beispiel**
> *„Ist Ihr Bekannter/Kollege Hausbesitzer oder wohnt er zur Miete?"*

Diese Frage hat einen hohen Stellenwert für die Finanzdienstleistungsbranche und für Immobilienverkäufer. Hier erhalten Sie bereits eine erste Auskunft bezüglich der Bonität Ihres nächsten Ansprechpartners und Hinweise darauf, ob eventuell Pläne bestehen, in absehbarer Zeit eigene vier Wände zu beziehen.

> **Beispiel**
> *„Glauben Sie, dass er monatlich/jährlich so viel verdient wie Sie, oder kann er Ihnen in diesem Punkt nicht das Wasser reichen?"*

Die Frage nach dem Einkommen ist sicher von ausgesprochen sensibler Natur und hat ebenfalls eine wesentliche Bedeutung in der Finanzdienstleistungsbranche. Da sie schwerpunktmäßig auf die private Situation des Empfohlenen zielt, ist sie für Verkäufer, die ausschließlich mit Geschäftsleuten zu tun haben, eher von untergeordneter Bedeutung. Diejenigen, für die eine solche Information eine richtungsweisende Hilfestellung bedeutet, scheuen sich dennoch oft, nach dem finanziellen Status des Empfohlenen zu fragen: In unserem Kulturkreis ist die Frage nach dem Einkommen immer noch eines der bestgehüteten Geheimnisse überhaupt. Probieren Sie es trotzdem: Die Frageform, die Ihnen oben vorgestellt wurde, enthält eine aufwertende Komponente, die sich auf jeden Fall positiv auf die Motivation des Gesprächspartners auswirkt, Ihnen zu diesem Punkt nähere Angaben zu machen. Weniger Sinn macht diese Vorgehensweise, wenn Sie in einer niedrigen Einkommensgruppe verkaufen. Ihre Klientel kennen Sie selbst am besten und sind deshalb selbst auch am besten in der Lage, zu entscheiden, welche der Fragen sinnvoll angebracht sind und welche nicht.

> **Beispiel**
> *„Wenn Sie jetzt an meiner Stelle wären (in meiner Hose stecken würden), was müsste ich auf jeden Fall für das erste Kennenlernen berücksichtigen?"*

Diese Frage zielt auf besondere Angewohnheiten des Empfohlenen ab, damit der Verkäufer in so einem Fall nicht mit beiden Füßen im Fettnapf landet. Hier können Sie zum Beispiel darauf hingewiesen werden, dass Pünktlichkeit bei der betreffenden Person als oberstes Gebot gilt. Oder der Empfehlungsgeber macht Sie darauf aufmerksam, dass Sie vielleicht nicht mit einem Fahrzeug der Oberklasse bis an die Haustür vorfahren sollten. Sehr nützlich kann auch der Hinweis auf ein Hobby oder eine Sammelleidenschaft sein. Ein solches Einstiegsthema wirkt sich als Gesprächsaufhänger besonders positiv in der so genannten Klimaphase aus. Die Art und Weise, in der diese Frage formuliert ist, kann den Befragten schon mal zum Schmunzeln bringen, insbesondere dann, wenn männliche Verkäufer die Formulierung „in meiner Hose stecken" benutzen. Gerade solche Wortbilder sind dazu geeignet, Sympathie zu wecken und die Atmosphäre etwas zu lockern.

> **Beispiel**
>
> *„Gesetzt den Fall, Ihr Bekannter/Kollege fragt Sie beim nächsten Zusammensein: Um was geht es hier genau in dem Gespräch?"*

Diese Frage ist dann wichtig, wenn sich aus dem vorherigen Dialog klar ergeben hat, dass Ihr jetziger Kunde zum Beispiel am nächsten Tag mit dem Empfohlenen zusammentreffen und er erwartungsgemäß von dem Anruf des Verkäufers berichten wird. Dann ist der Bekannte oder Kollege natürlich an näheren Details interessiert. In dieser Situation wird der Kunde im Normalfall das Produkt beim Namen nennen und darauf hinweisen, dass er zum Beispiel eine Immobilie gekauft oder einen Investmentfonds gezeichnet hat. Gerade bei Produkten mit eher negativem Image wird die spontane Reaktion des Empfohlenen dementsprechend ablehnend ausfallen: „Das kommt für mich nicht in Frage – es lohnt sich nicht, dass ich zu diesem Thema einen Termin vereinbare." Eine solche Äußerung reicht manchmal schon aus, um die Chance zu einem persönlichen Kennenlernen zunichte zu machen. Bei Produkten oder Dienstleistungen, die eher positive Assoziationen auslösen, wird eine solche von Anfang an ablehnende Reaktion nur selten der Fall sein. Wenn es sich allerdings um einen bereits negativ besetzten Bereich handelt, wie z. B. die Finanzdienstleistung, dann macht es Sinn, mit der angeführten „Kontrollfrage" ein wenig auszuloten, was Ihr jetziger Gesprächspartner seinem Bekannten/Kollegen gegenüber äußern wird. Jetzt haben Sie nämlich noch die Gelegenheit, positiv auf ihn einzuwirken, indem Sie das Gespräch zum Beispiel wie folgt fortführen:

> **Beispiel**
>
> *„Herr ..., wir haben jetzt in diesem zweistündigen Gespräch gemeinsam festgestellt, dass es in Ihrer Situation sinnvoll erscheint, in dieser Art zu verfahren. Inwieweit dies überhaupt für Ihren Bekannten/Kollegen zutrifft, das gilt es ebenfalls gemeinsam zu analysieren. Bevor Ihr Bekannter/Kollege nun denkt, es ginge einzig und alleine darum, mit ihm ein schnelles Geschäft abzuwickeln, weisen Sie ihn vielleicht lediglich darauf hin, dass es hier um hochkarätige Informationen geht. Was er anschließend daraus macht, ist alleine ihm überlassen."*

So oder ähnlich könnte es klingen, wenn es darum geht, dem Empfehlungsgeber klar zu machen, dass er mit hoher Wahrscheinlichkeit Skepsis auslösen würde, wenn er seinem Bekannten/Kollegen lediglich seine Kaufentscheidung mitteilt, und damit im Normalfall eher Abwehr erzeugt. Wichtig ist dabei, dass Sie Ihren Kunden – wie oben beschrieben – einfach nochmals darum bitten, im Gespräch mit seinem Bekannten/Kollegen die Informationen herauszustellen, die für ihn ebenfalls vorteilhaft sein könnten. Um Einzelheiten zu erfahren, wäre es dann besser, mit dem „Fachmann" zu sprechen – und der sind Sie!

> **Beispiel**
> „Wen von Ihren Bekannten/Kollegen sollte ich zuerst anrufen?"

Wenn Sie mehrere Empfehlungen bekommen haben, können Sie mit dieser Nachfrage hervorragend feststellen, welche Person in den Augen des Empfehlungsgebers die höchste Priorität besitzt. Auf diese Weise erleichtern Sie sich die eigene Organisation der Termine – vor allem, wenn Ihr Terminbuch absolut voll ist, die Anzahl der noch zu bearbeitenden Kontakte Sie förmlich erdrückt und Sie erst einmal den Joker ausspielen wollen. Gleichzeitig dokumentieren Sie Ihren Stellenwert als viel gefragter Spezialist.

Der Fragenkatalog, der Ihnen hier angeboten wird, erhebt keinen Anspruch auf Vollständigkeit. Je nach Branche und Interessenlage des Verkäufers kann die Liste um weitere Punkte ergänzt werden. Gleichzeitig werden Sie zustimmen, dass es nicht sehr praktikabel ist, die einzelnen Punkte nach einer Art Checkliste mit dem Empfehlungsgeber der Reihe nach „durchzugehen". Nutzen Sie den hier vorgestellten Fragenkatalog als gut ausgearbeitete Basis. Wählen Sie daraus ein, zwei, maximal drei Fragen, die Ihnen für die weitere Bearbeitung nützlich erscheinen, aus, und gehen Sie mit diesen je nach Branche und nach Anzahl der erhaltenen Empfehlungen weiter vor. Alles, was darüber hinausgeht, würde Ihren Gesprächspartner überfordern. Sie würden ihm das Gefühl geben, ausgefragt zu werden. Das Ziel der Fragen, für die Sie sich entscheiden, ist in dem Moment erreicht, indem Sie nicht nur Name und Telefonnummer eines Empfohlenen (mindestens!) erhalten haben, sondern in dem er auf Grund der gelieferten Informationen in Ihren Augen als Person tatsächlich Konturen angenommen hat.

Der Empfehlungsstammbaum

Kennen Sie die Geschichte von dem Reiskorn und dem Schachbrett? Der König wollte dem Erfinder des Schachbretts einen Wunsch erfüllen. Der Erfinder wusste genau, was er sich wünschte: „Ich möchte, dass du ein Reiskorn nimmst, auf das erste Feld des Schachbretts legst und jeweils beim nächsten Feld die Anzahl verdoppelst." Der König soll daraufhin gesagt haben: „Mehr willst du nicht?" und der Erfinder antwortete: „Nein, mehr nicht."

Wundern Sie sich auch über die (scheinbare) Bescheidenheit des Erfinders? Rechnen Sie einmal nach: Ein Schachbrett hat 64 Felder, wenn auf jedem der Felder immer wieder die Anzahl der Reiskörner verdoppelt wird, wird nach der anfänglichen Verdoppelung von zwei, vier, acht, sechzehn und so weiter auf dem vierundsechzigsten Feld eine Zahl erscheinen, die nur schwerlich auszusprechen ist und eine solche Menge Reis ausmacht, dass sie nur noch mit Güterwagons transportiert werden kann.

Nach diesem Vermehrungsprinzip funktioniert auch der Empfehlungsstammbaum. Es ist ausgesprochen wichtig für einen Verkäufer, sich der Bedeutung eines solchen Multiplikators bewusst zu werden und zu erkennen, welche Anzahl an neuen Kontakten er aufbauen kann, wenn er konsequent zwei oder drei Empfehlungen pro Kontakt erhält (Abb. 5.3).

In der Praxis zeigt sich immer wieder sehr deutlich, dass Empfehlungen normalerweise auf der gleichen Ebene ausgesprochen werden: Ein Empfehlungsgeber mit einem gewissen Einkommen verfügt überwiegend über einen Bekannten- und Kollegenkreis, der sich auf dem gleichen Einkommensniveau bewegt. Auf dieser jeweiligen Ebene wird der Verkäufer „weitergereicht". Neben dem finanziellen Aspekt zeigt diese Erfahrung, dass Menschen meist dazu tendieren, Beziehungen zu anderen Personen mit gleicher Interessenausrichtung anzustreben und zu pflegen, sowohl im beruflichen Umfeld als auch bezogen auf die derzeitige Lebenssituation. Folglich kennt ein Arzt andere Ärzte, ein Unternehmer weitere Unternehmer, ein leitender Angestellter andere Führungskräfte und selbstverständlich ein Verkäufer andere Kollegen aus dem Vertrieb. Jemand, der überdurchschnittlich viel Einkommensteuer ans Finanzamt abführt, findet sich garantiert in einem Kreis von Menschen wieder, die ebenfalls über eine solche Abgabenlast stöhnen. „Gleich und gleich gesellt sich gern." Eine Familie, die plant, eigene vier Wände zu beziehen, und sich bereits seit Monaten auf der Suche nach einem geeigneten Grundstück befindet oder vor der Entscheidung zwischen dem Bau eines eigenen Hauses und dem Erwerb einer gebrauchten Immobilie steht, kennt garantiert andere Familien, für die diese Überlegungen augenblicklich ebenfalls ein zentrales Thema darstellen.

Untersuchungen haben gezeigt, dass ein Mensch über ungefähr 250 Kontakte verfügt. Sicher werden Sie jetzt sagen: „So viele Personen kenne ich ja gar nicht!" Kennen Sie doch, denn wenn Sie Ihren Tankwart mitrechnen, Ihren Zahnarzt, Ihren Frisör, Ihren Postmann und all die vielen Menschen, denen Sie im Alltag mit einer gewissen Regelmäßigkeit begegnen, werden Sie sich wundern, welche Zahl zusammenkommt – bestimmt so an die 250! Diese Personengruppe, die sich auf das weitere Umfeld bezieht, reduziert sich auf einen engeren Kreis von immerhin etwa 50 bis 70 Personen. Nicht von ungefähr kommt die Praxis, dass neue Mitarbeiter eines Strukturvertriebs in ihrer Startphase motiviert werden, eine Liste zu erstellen,

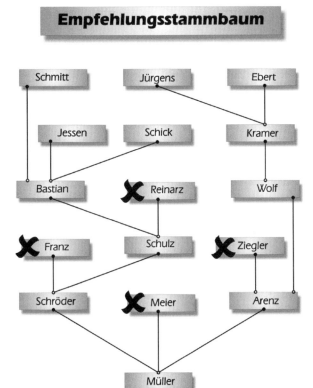

Abb. 5.3 Beispiel eines Empfehlungsstammbaums

die unter dem Motto „Personen, die ich kenne" dann tatsächlich auch ungefähr 50 bis 70 Namen enthalten soll. Das sind die Personen, mit denen in der Startphase die ersten Termine vereinbart werden. Erscheint Ihnen die Zahl immer noch zu hoch? Dann machen Sie einmal folgendes Gedankenspiel: Stellen Sie sich vor, Sie hätten bei einem Preisausschreiben die Ausrichtung Ihrer nächsten Geburtstagsparty gewonnen. Sie dürfen eine Riesenparty veranstalten und alle Menschen einladen, die Sie kennen, das heißt also Ihren gesamten Freundes- und Bekanntenkreis. Damit der Ausrichter der Party diese Gäste einladen kann, müssen Sie ihm eine Gästeliste vorbereiten. Wenn Sie sich jetzt die Zeit nehmen und in Ruhe Ihr Adressbuch durchforsten, um diejenigen Adressen von Menschen herauszusuchen, die Sie ger-

5 Empfehlungsmarketing in der Praxis

Empfehlungsgeber   1. Generation   2. Generation

Der Empfehlungsstammbaum

3. Generation   4. Generation   5. Generation

Abb. 5.4 To-do-Liste Empfehlungsstammbaum

ne zu diesem Anlass sehen würden, dann werden Sie sich wundern, wie schnell die Zahl erreicht ist!

Eine weitere Erkenntnis aus der Praxis ist, dass mit etwa achtzigprozentiger Wahrscheinlichkeit Ihr jetziger Empfehlungsgeber die Kontaktperson in der übernächsten Ebene *nicht* kennt. Befürchtungen, dass die Empfehlungsschiene sich entsprechend totlaufen könnte, sind also absolut unbegründet.

Um sich den Nutzen eines solchen Empfehlungsstammbaums noch besser zu vergegenwärtigen, ist es sinnvoll, dass Sie Ihren persönlichen Empfehlungsstammbaum visualisieren. Der Akt des Visualisierens – in diesem Zusammenhang einfach durch das Notieren bzw. Aufzeichnen der Namen – bietet Ihnen den Vorteil, die gesamte Dimension des Netzwerks erfassen zu können. Nehmen Sie sich deshalb einige Minuten Zeit und fixieren Sie – vom gegenwärtigen Zeitpunkt aus betrachtet – rückwirkend Ihr jetziges Personen-Netzwerk (Abb. 5.4). Notieren Sie auf einem großen Bogen Papier fünf oder sechs der aktuellen Kundenkontakte, die Sie gerade bearbeiten und die sich nicht durch Kaltakquise oder Mailingversendung ergeben haben. Dabei ist völlig bedeutungslos, ob sich die vorherige Anbahnung durch eine aktive Frage nach Empfehlungen ergeben hat, durch passive Weiterempfehlung oder zum Beispiel durch den Besuch einer Veranstaltung, bei der Sie einer anderen Person vorgestellt wurden. Es geht darum, rückwirkend möglichst viele verschiedene Ebenen zu finden, auf denen sich diese Kontakte ergeben haben. Das funktioniert nach dem Schema „Hätte ich nicht mit Müller gesprochen oder dieses oder jenes getan, hätte ich Meier niemals kennen gelernt." Machen Sie sich an dieser Stelle einmal bewusst, über welche Kontakte sich weitere Verbindungen ergeben haben und über welche vielfältigen Verzweigungen Ihr Kontaktnetz entstanden ist.

Wenn Sie nun diese Aufgabe durchgeführt und sich den Aufbau Ihres persönlichen Empfehlungsstammbaums vergegenwärtigt haben, fassen Sie den Vorsatz, ab dem heutigen Tag den weiteren Aufbau Ihres Empfehlungsstammbaums für die Zukunft aktiv zu forcieren und in regelmäßigen Abständen zu aktualisieren. Prüfen Sie einmal, wie viele „Setzlinge" Sie augenblicklich im Boden haben und tun Sie alles dafür, aus möglichst vielen einen kleinen Baum entstehen zu lassen. Übernehmen Sie Teilbereiche dieses Beziehungsgeflechts in Ihre Kundenakte, damit Sie auch zu einem späteren Zeitpunkt immer noch konkret nachvollziehen können, wie die Anbahnung zu diesem Kunden entstanden ist. Wir Verkäufer glauben viel zu oft, uns alles merken zu können, und tendieren deshalb dazu, uns über gewisse Abläufe und Situationen zu wenig Notizen zu machen – gleich ob Gesprächsnotizen, die direkt nach der Begegnung gemacht werden, oder die schriftliche Fixierung von Kontakten in Bezug auf das Empfehlungsmarketing.

Es wird sich für jeden Profiverkäufer positiv auswirken, wenn er – so wie er ja auch jeweils zum Monatsende, Quartalsende und zum Jahresabschluss seine persönliche Verkaufsstatistik anfertigt – ebenfalls seine konkreten Zahlen zur Terminquote, zum Abschlussverhältnis etc. festhält und auf diese Weise seine Ergebnisse in Sachen Empfehlungen analysiert. Sie kennen bestimmt Pythagoras' berühmte Worte: „Am Anfang war die Zahl." Dieses Gesetz der Zahl lässt sich auf jede Vertriebssituation übertragen, also auch auf die Empfehlung. Schaffen Sie es, bei jedem Kontakt durchschnittlich zwei Empfehlungen zu erhalten, davon durchschnittlich die Hälfte zu terminieren und vielleicht sogar als neuen Empfehlungsgeber aufzubauen, dann wird Ihr persönlicher Empfehlungsstammbaum das Bild eines großen Baums mit einer reichen Verästelung und vielen kleinen Trieben ergeben – ein Bild, in dem sich die entsprechenden Umsatzerfolge widerspiegeln.

Fazit

Der wichtigste Aspekt dieses Kapitels besteht in dem präzisen und kundenorientierten Fragen nach Empfehlungen. Dies ist der Dreh- und Angelpunkt für den weiteren Verlauf des Gesprächs. Viel zu oft wird die Empfehlungsfrage im Vertriebsalltag zu spontan und überfallartig gestellt. Es ist wichtig, den Gesprächspartner zum Thema „Empfehlung" hinzuführen und den Wirkungsgrad der Empfehlungsfrage zu erhöhen, indem sie ganz und gar auf die konkrete Gesprächssituation und die Persönlichkeit des Kunden abgestellt ist.

Die Empfehlungsfrage bildet zudem den Einstieg in die weitere Qualifizierung des potenziellen Kunden. Die Fragen zu den persönlichen Lebensumständen sind abhängig von der Gesprächsbereitschaft des Empfehlungsgebers. Mit ein wenig Fingerspitzengefühl und Empathie erkennt der Verkäufer, inwieweit der Kunde auskunftsfreudig ist oder ob er es besser bei der einfachen Empfehlung belassen möchte.

Der Umgang mit Kundenwiderständen 6

Überwinden Sie die Widerstände auf dem Weg zur Empfehlung.

Kundenreaktionen sind je nach konkreter Verkaufssituation kalkulierbar. Ein routinierter Verkäufer ist mit ganz bestimmten Reaktionen vertraut, beispielsweise mit der klassischen Äußerung auf sein Angebot, zu seinen Konditionen oder auch mit der Aussage des Kunden in der Abschlussphase: „Ich möchte es mir noch einmal überlegen." Und so, wie im normalen Verlauf eines Verkaufsgesprächs die Reaktionen kalkulierbar sind, verhält es sich auch beim Empfehlungsgespräch. Es ist deshalb für alle Verkäufer, die die Anzahl ihrer Empfehlungen nennenswert erhöhen möchten, unabdingbar, sich mit den gängigen Vorwänden und Einwänden auseinander zu setzen, um im entscheidenden Dialog mit dem Kunden vorbereitet zu sein und optimal reagieren zu können. Wichtig ist hier – wie in jeder anderen Phase des Verkaufs –, dass der Verkäufer authentisch bleibt und die folgenden Formulierungen nicht gebetsmühlenartig „herunterleiert". Wie oben bereits angeführt, ist einer der wesentlichen Kernpunkte, dass Sie mit den hier vorgeschlagenen Formulierungen arbeiten und darauf achten, dass die Lösungsansätze mit Ihrer Verkaufsphilosophie übereinstimmen und Sie sich mit den Formulierungen wirklich identifizieren können.

Wenn Sie als Leser dieses Buches im Verlauf der Lektüre tatsächlich Ihre Einstellung zum Thema Empfehlungsmarketing geändert haben, dann hat sich für Sie die zeitliche und finanzielle Investition in dieses Buch bereits gelohnt. Sie nehmen Empfehlungsmarketing tatsächlich als das wahr, was es ist – nämlich eine Selbstverständlichkeit –, und haben den Vorsatz gefasst, bei allen zukünftigen Abschlüssen und auch bei qualifizierten Kontakten die Empfehlungsfrage zu stellen. Das sei deshalb an dieser Stelle erwähnt, weil in Seminaren Verkäufer immer wieder berichten, dass sie zwar insgesamt die Anzahl der Empfehlungsfragen erhöht haben, aber wenn nicht sofort das erwünschte Ergebnis erreicht wurde, davor zurückschrecken, nochmals mit Nachdruck nachzuhaken. Gerade dann, wenn er die Unterschrift des Kunden erhalten hat, widerstrebt es dem Verkäufer oft, noch um eine Empfehlung „zu kämpfen". Geben Sie an diesem Punkt Ihrer verkäuferischen Empathie Raum. Es ist wichtig, dass Sie auf Ihr Gefühl hören und es von dem jeweiligen Kunden und der Verkaufssituation abhängig machen, wie Sie vorgehen. Es folgen weitere Formulierungshilfen, mit denen Sie die gesamte Bandbreite der verkäuferischen Vorgehensweise abdecken können.

Die im übernächsten Abschnitt vorgestellte Schlüsseltechnik ist nicht jedermanns Sache, dem einen oder anderen mag sie sogar etwas extrem erscheinen. Sie gehört jedoch zur Bandbreite ebenso wie die ausgesprochen weichen Verhaltensweisen, die im Anschluss daran vorgestellt werden und die jegliche Art von verkäuferischem Druck vermissen lassen. Finden Sie für sich heraus, welcher der vorgestellten Wege Ihnen für Ihre Verkaufspraxis am geeignetsten erscheint.

Unterscheidung zwischen Vorwand und Einwand

Sicher sind Sie in der Verkaufsliteratur oder während eines Seminars schon auf die Differenzierung der Kundenreaktionen in *Vorwand* und *Einwand* gestoßen. Zu diesen beiden Begriffen und ihrer Unterscheidung gibt es unzählige Definitionen, Modelle und Unterscheidungskriterien. An dieser Stelle genügt eine recht einfache Differenzierung. Bei enger Anlehnung an den Begriff selbst, an den „Vorwand", kann schnell und leicht das Bild einer Wand visualisiert werden, einer Wand, die während des Gesprächs zwischen Verkäufer und Kunde aufgebaut wurde: Wenn der Verkäufer nach erfolgreichem Abschluss oder bei einem qualifizierten Kundentermin im Gespräch die Empfehlungsfrage stellt und der Kunde sofort wie ein Maurer reagiert, indem er nämlich eine Wand aufbaut und pauschale Zurückweisung äußert, dann läuft der Verkäufer mit seiner Frage im wahrsten Sinne des Wortes „vor die Wand".

Anders stellt sich der „Einwand" dar: Hier hat der Kunde gezielt etwas gegen das Anliegen des Verkäufers einzuwenden, manchmal kombiniert mit Skepsis und Argwohn. Während ein Vorwand pauschal ist und auch so formuliert wird, ist bei einem Einwand immer ein konkreter Ansatzpunkt erkennbar.

Nach dieser Unterscheidung werden folgende pauschale Kundenäußerungen als Vorwand eingestuft: „Ich möchte niemanden nennen" oder: „Mir fällt niemand ein" oder: „Ach wissen Sie, wir leben sehr zurückgezogen und haben nur selten Kontakt zu Bekannten."

Die „Schlüsseltechnik" zur Vorwanddiagnose

Nach der vorgestellten Unterscheidung zwischen Vorwand und Einwand ist es nur möglich, einen Vorwand zu diagnostizieren. Ein Einwand dagegen kann sofort behandelt werden, da er einen konkreten Ansatzpunkt bietet. Die Schlüsseltechnik hat zum Ziel, die Wand zwischen Verkäufer und Kunde zu öffnen. Bei dieser Technik handelt es sich um ein Diagnoseinstrument, mit dem herausgefunden werden kann, welche Gründe sich für das Nichtnennen von Empfehlungen hinter dieser Wand verbergen. Abblockende Kundenaussagen wie „Das mache ich grundsätzlich nicht" oder: „Mir fällt da niemand ein" sind nur schwerlich mit einer Kurzfrage zu analysieren. Gleichzeitig gibt es die eine oder andere Verkaufssituation, in der die spontane Frage „Warum möchten Sie denn niemanden nennen?" durchaus zum Ziel führen kann. Rechnen Sie allerdings damit, dass so eine Vorgehensweise ein gehöriges Maß an Aggression beim Kunden wecken kann! Insbesondere durch die einleitende Formulierung „Warum?" fühlt sich der Kunde leicht an die Wand gedrängt – und dies löst eher unangenehme Gefühle bei ihm aus.

Die Schlüsseltechnik dagegen enthält zwar ein gewisses Druckpotenzial in der ersten Einstiegsformulierung, es wird jedoch durch den sich direkt anschließenden Nachsatz erheblich abgemildert. Bei dieser Technik handelt es sich um ein festes Modul zur Vorwanddiagnose, und es sollte in der Grundstruktur möglichst nicht verändert werden.

Die Formulierung der Schlüsseltechnik als Reaktion auf das Abblocken des Kunden lautet wie folgt:

Beispiel

Kunde: *„Das mache ich grundsätzlich nicht."*

oder:

„Mir fällt niemand ein."

Verkäufer: *„Hm, da gibt es zwei Möglichkeiten. Erstens, Sie wollen nicht, dass andere Bekannte oder Kollegen so wie Sie die interessanten Möglichkeiten einer bedeutend höheren Verzinsung auf ihr Erspartes einmal näher kennen lernen und dabei sehen, welche Alternativen es zur Hausbank gibt. Das ist ja völlig ausgeschlossen, das ist unvorstellbar. Also ist da bestimmt, bestimmt irgendwo noch ein Punkt, der Sie im Augenblick davon abhält, den Namen eines Bekannten oder eines Kollegen zu nennen. Sagen Sie einmal ganz offen, was genau ist es?"*

oder:

„Hier gibt es folgende Alternativen. Sie wollen nicht, dass andere Bekannte oder Freunde einmal wie Sie ein Angebot auf den Tisch bekommen und so einen Vergleich anstellen können, um dann zu entscheiden, welcher Partner ihnen die grö-

ßeren Vorteile bringt. Das kann ich mir bei jemandem wie Ihnen überhaupt nicht vorstellen. Da ist bestimmt, bestimmt noch irgendein kleiner Stein im Schuh, der Sie drückt, irgendetwas, was bisher nicht zu Ihrer vollsten Zufriedenheit beantwortet wurde. Sagen Sie einmal ganz frei von der Leber weg: Was ist es denn genau, was Sie zu dieser Aussage bewegt?"

Steigen Sie in diese Formulierung mit einem Verständnislaut wie zum Beispiel „Hm …" ein, um Ihrem Kunden ein gewisses Verständnis für seine Abwehr zu signalisieren. Mit dieser Art des aktiven Zuhörens erzielen Sie eine gefühlsmäßige Annäherung an Ihren Kunden. Nach diesem Signal stellen Sie die aus Ihrer Sicht möglichen Gründe vor, warum sich der Kunde nicht entscheiden kann, Ihnen Namen von Personen zu nennen, die das Produkt oder die Dienstleistung ebenfalls in Anspruch nehmen könnten. Diese Gründe führen Sie recht drastisch – bis in die Nähe des Vorwurfs – aus, um sie im nächsten Moment sofort ad absurdum zu führen: „Das ist ja völlig ausgeschlossen, das ist ja unvorstellbar!" oder: „Das kann ich mir bei jemandem wie Ihnen überhaupt nicht vorstellen …". In dieser Situation ist natürlich zu unterscheiden, ob der Kunde sich bereits für Ihr Produkt entschieden hat, oder ob es sich lediglich um einen Kontakt handelt, bei dem das Abschlussgespräch zu einem späteren Zeitpunkt auf dem Plan steht.

Beim Umlenken in die Alternative – „Da ist bestimmt, bestimmt noch ein Punkt, der Sie im Moment davon abhält …" oder: „… da ist bestimmt, bestimmt noch irgendein kleiner Stein im Schuh, der Sie drückt …" – hat es sich bewährt, ein suggestives Wort wie hier das Wort „bestimmt" anzuführen. Mit diesem Stilmittel nach der rhetorischen Erkenntnis „D = 3 W" (durch Doppelung wird eine dreifache Wirkung erzielt) erreichen Sie bei Ihrem Zuhörer das Höchstmaß an Aufmerksamkeit für diese zweite Möglichkeit. Es versteht sich von selbst, dass gerade dieser Teil der Formulierung mit entsprechender Empathie artikuliert werden muss. Damit geben Sie dem Kunden das Gefühl, dass Ihnen tatsächlich sehr viel daran gelegen ist, diese eventuellen letzten Zweifel und Unsicherheiten aus dem Weg zu räumen, damit er mit seiner Entscheidung hundertprozentig zufrieden sein kann. Dann halten Sie Blickkontakt mit Ihrem Gesprächspartner, unterstreichen Ihre Aussage eventuell noch durch eine verständnisvolle Geste wie zum Beispiel das Zeigen Ihrer offenen Handflächen (wenn Sie diese Technik nicht gerade am Telefon einsetzen) und erwarten nun in aller Ruhe die Aussage Ihres Kunden. Wenn Sie sich in seine Situation versetzen, können Sie sicher nachvollziehen, dass nun nur noch zwei Reaktionen möglich sind: Ihr Kunde unterstreicht die anfangs vorgebrachte Aussage zusätzlich und wiederholt seinen unveränderten Standpunkt zur Empfehlungsfrage – vielleicht sogar leicht genervt. Damit ist dieses Thema in der Praxis dann meistens erst einmal abgeschlossen. In einem solchen Fall könnten Sie ziemlich dicke Luft und eine unangenehme Atmosphäre riskieren, wenn Sie weiter auf diesem Punkt beharren. Ein solcher Kunde hat eben nicht nur eine normale Wand zwischen sich und dem Verkäufer aufgezogen, sondern arbeitet mit extrem dickem Mauerwerk, das ein Durchdringen – aus welchen Gründen auch immer – momentan einfach nicht zulässt.

Die zweite Reaktionsmöglichkeit Ihres Kunden ist jedoch weitaus häufiger: Er reagiert nach Einsatz dieser Schlüsseltechnik erst einmal mit einem entsprechenden Einwand wie: „Ich möchte lieber erst einmal mit meinem Bekannten sprechen und nachhören, ob ihm das recht ist." Oder: „Ich habe einmal Namen von Kollegen genannt, die ausgesprochen sauer darauf reagiert haben, dass ihre Telefonnummer ohne ihre Zustimmung weitergegeben wurde." Mit der Schlüsseltechnik haben Sie hier den Einwand hinter dem Vorwand diagnostiziert – und genau das ist das Ziel dieses Diagnoseinstruments.

Für den weiteren Verlauf des Gesprächs gibt es ganz sicher keinen „Zaubersatz", der Ihren Kunden dazu bewegt, Empfehlungsnamen nur so hervorzusprudeln, aber es gibt Möglichkeiten, an dieser Stelle optimal mit den jeweiligen Aussagen der Kunden umzugehen. Auf diese Möglichkeiten wird noch näher eingegangen. Natürlich ist es wichtig, dass Sie diesen Textvorschlag der Schlüsseltechnik – wie bereits erwähnt – auf Ihre Person maßgeschneidert übertragen. Wenn sich auch die ersten Einsätze in der Praxis ein bisschen unbeholfen anhören mögen, ist es immer noch besser, mit einer Technik fehlerhaft zu beginnen, als perfekt zu zögern. Wenn Sie drei- oder viermal einen entsprechenden Kundeneinwand als Reaktion auf Ihre Formulierung gehört und erlebt haben, dass diese Methode tatsächlich weiterführt und Ergebnisse bringt, dann werden Sie diese immer wieder und bald ganz selbstverständlich anwenden. In meinem Buch „Bei Anruf Termin" (erschienen im Gabler Verlag) wird diese Diagnosetechnik in Bezug auf Terminierung am Telefon und eine weitere Schlüsselformulierung vertiefend behandelt.

> **Übung: Persönliche Schlüsselfrage**
> Meine Formulierungen:

Fehlt Ihnen anfangs der Mut für die Vorgehensweise nach der Schlüsseltechnik oder erscheint Ihnen die Situation als ungeeignet für diese Art der Nachfrage, dann gibt es durchaus weiche Alternativen, um auf eine erste ablehnende Äußerung des Kunden zu reagieren. Ein Beispiel könnte so aussehen:

> **Beispiel**
> Kunde: *„Mir fällt niemand ein – das möchte ich nicht."*
> Verkäufer: *„Zugegeben, Herr …, diese Frage ist jetzt vielleicht etwas spontan, etwas überraschend. Oft ist es ja so, dass man über solch brisante Themen, wie wir sie jetzt gemeinsam besprochen und erarbeitet haben, auch schon einmal bei entsprechendem Anlass mit Bekannten oder Kollegen spricht, die sich in einer vergleichbaren Situation befinden. Inwiefern gibt es denn aus Ihrem persönlichen Umfeld (zum Beispiel aus dem Kreis der Arbeitskollegen, aus dem Tennisklub, der Skatrunde etc.) den einen oder anderen, der auch immer an solchen Informationen interessiert ist, der so wie Sie immer ein offenes Ohr hat und bei diesem Thema gerne auf dem neuesten Stand sein möchte bzw. immer für einen Vergleich dankbar ist? Denken Sie, kommt hier eher jemand aus Ihrem persönlichen Umfeld in Betracht oder vielleicht ein guter Kollege oder Geschäftsfreund?"*

So oder ähnlich könnte es klingen, wenn Sie den Dialog weiter vertiefen wollen, da Sie sich mit der ersten Abwehr Ihres Kunden nicht zufrieden geben möchten. Sie versuchen auf diese Weise, die innere Vorstellungskraft Ihres Gegenübers zu aktivieren und vor seinem geistigen Auge die eine oder andere Situation ins Bewusstsein zu rufen – wie beispielsweise Mittagsgespräche in der Kantine oder ein Thekengespräch nach einem erfolgreichen Tennismatch. Diese sind natürlich jeweils mit ganz bestimmten Personen verbunden. Mit der Formulierung „Zugegeben, Herr …, diese Frage ist jetzt vielleicht etwas spontan, etwas überraschend" nehmen Sie einen möglichen inneren Einwand Ihres Gesprächspartners vorweg. Gleichzeitig behalten Sie die Initiative und agieren damit gemäß einem der wichtigsten Grundsätze des Verkäuferlebens, nämlich gemäß der drei Hs:

▸ Höfliche Hartnäckigkeit hilft.

Für welche der vorgestellten Vorgehensweisen Sie sich auch immer in der Praxis entscheiden: In jedem Fall ist es wichtig, bei der Empfehlungsfrage auf diese möglichen Blockaden bei Ihrem Gegenüber vorbereitet zu sein und sich dadurch nicht aus dem Konzept bringen zu lassen.

Die „Selbstbezichtigungsmethode"

Ein Profiverkäufer legt Wert darauf, sein Sprachverhalten dahingehend zu trainieren, dass er möglichst kundenorientiert im „Sie-Standpunkt" spricht. Es entspricht dem natürlichen Egoismus des Menschen, dass er in etwa einer Minute Redefluss fünf bis sieben Mal die Worte „ich", „mir", „meiner", „mich", „wir", „unser" benutzt. Umso lieber hört der Kunde das „Sie" und reagiert positiv, wenn man sich im Verkaufsgespräch auf ihn bezieht. Aus diesem Grund ist es sinnvoll, mit Kunden grundsätzlich eine Sie-orientierte Kommunikation zu pflegen, verstärkt die Worte „Sie" oder „Ihnen" einzusetzen und im Gespräch mehrfach den Namen des Kunden zu nennen. Sie optimieren die Nutzenargumentation und erhalten einen weitaus höheren Sympathiewert, wenn Sie konsequent den „Sie-Standpunkt" verfolgen und damit auf die unterschwellige Frage des Kunden: „Weshalb soll ich dieses Produkt bei dir kaufen?" eingehen. Wenn Sie mit dieser rhetorischen Feinheit vertraut sind und diese auch im Verkaufsgespräch nachweislich praktizieren, ist die Spezialtechnik der Selbstbezichtigungsmethode eine geeignete Möglichkeit, mit Kundeneinwänden umzugehen.

Wenn Sie allerdings als Verkäufer eine normale, Ich-bezogene Argumentation im Verkaufsgespräch pflegen, also die Technik des Sie-Standpunkts nicht in Ihrer Verkaufsrhetorik berücksichtigen, dann ist diese Methode nicht unbedingt die richtige für Sie. Die Selbstbezichtigungsmethode kann dann dazu führen, dass Sie die Anzahl der „Ich-Botschaften" in Ihren Dialogen noch weiter erhöhen und dadurch die beabsichtigte Wirkung verfehlen.

Die Aussagen „Da haben Sie nicht richtig zugehört!" oder: „Dann haben Sie das missverstanden!" in einem Verkaufsgespräch sind ziemlich deutliche Vorwürfe an den Gesprächspartner, auch wenn hier der Sie-Standpunkt eingenommen wird. Solche Aussagen kommen bei Ihrem Kunden bestimmt nicht gut an. Kommunikationsprofis und diejenigen, die sich mit Regeln der Rhetorik vertraut gemacht haben, werden Formulierungen vorziehen wie „Dann habe ich mich hier wohl missverständlich ausgedrückt" oder: „Dann habe ich das wohl falsch erklärt". Der Sprecher wird sich also selbst bezichtigen und auf jeden Fall von einem Vorwurf gegenüber dem Gesprächspartner absehen. Die folgende Spezialtechnik stellt eine erhebliche Erweiterung dieses Grundgedankens dar. Dabei handelt es sich um eine so genannte Dreischritt-Methode aus der klassischen Dialektik. Die Zahl „3" hat in unserem Kulturkreis eine sehr hohe Symbolkraft, sie ist dadurch in unserem Unterbewusstsein fest verankert und findet – zum Beispiel in Aufzählungen und Redewendungen – immer wieder Anwendung (siehe hierzu auch die Ausführungen zur zukunftsweisenden Methode in Kap. 5).

Die einzelnen Phasen der „Selbstbezichtigungsmethode" werden jeweils mit einem so genannten „Signalwort" eröffnet, das hat für den Anwender den Vorteil, dass er bei entsprechend regelmäßiger Anwendung nahezu reflexartig auf diesen Fahrplan zurückgreifen kann.

In *Phase 1* geht es darum, ein Höchstmaß an Solidarität mit dem Gesprächspartner zu erreichen. Sie pflichten Ihrem Kunden bei, akzeptieren seine Aussage und solidarisieren sich auf diese Weise mit ihm. Da das Unterbewusstsein Ihres Kunden unterschwellig eher darauf eingestellt war, dass die von ihm vorgebrachte Aussage relativiert wird, ist er nun vermutlich über diese Annäherung und Übereinstimmung erstaunt.

In *Phase 2* lenken Sie die Aufmerksamkeit auf eine persönliche Erfahrung oder die Erfahrung eines Dritten. So distanzieren Sie sich etwas von Ihrem Kunden und markieren durch den Einsatz des Signalworts „… bis ich dann …" einen entscheidenden Wendepunkt im Ablauf Ihrer Schilderung. Das anschließende Schlüsselerlebnis sollte möglichst authentisch, nachvollziehbar und spezifisch sein. Je spezifischer Sie hier auf eine bestimmte Gegebenheit eingehen, umso stärker ist die Überzeugungskraft.

In *Phase 3* ziehen Sie das Fazit aus der bisherigen Darstellung und appellieren unbewusst an die Zustimmung Ihres Kunden. Hier wird wieder durch den Einsatz des Signalworts ein Zeitpunkt präzisiert und im Ergebnis sitzen Sie nach dem anfänglichen Schulterschluss nunmehr Ihrem Gesprächspartner direkt gegenüber.

In diesen drei Phasen (vgl. Abb. 6.1) setzen Sie bewusst eine Ich-orientierte Darstellung ein, Sie stellen bewusst sehr stark auf Ihre Person ab, um die Wirkung beim Dreierschritt durch kundenorientierte Formulierungen – also durch Anwendung des Sie-Standpunkts – zu erhöhen. In der Umlenkphase können Sie die Symbolkraft der Zahl „3" noch verstärken, indem Sie diese Zahl zweimal erwähnen. Beim dritten Argument erhöhen Sie die Aufmerksamkeit, indem Sie es mit einer Formulierung einleiten wie: „Und dies ist ja besonders interessant …"

Konkret könnte eine solche Formulierung zum Beispiel so klingen:

Selbstbezichtigungsmethode (Beispiele)
Kunde: *„Ich möchte da niemanden nennen."*
Verkäufer: *„**Ich habe es früher genauso wie Sie gehalten,** dass ich Namen und Telefonnummern von Bekannten oder Kollegen nicht einfach weitergegeben habe, weil ich der Auffassung war, die sollen sich selbst um ihre persönlichen Belange kümmern. Am Ende muss ich mir hier noch irgendwelche Vorhaltungen machen lassen.*

***Bis mir** ein guter Freund einmal sehr verärgert zum Ausdruck brachte, dass er es als sehr unfair empfindet, wenn ich bestimmte Kontakte nutze, über die ich dann auch entsprechende Auswahlmöglichkeiten in Anspruch nehme, die ihm nicht zugänglich wären. Er hat sich bitterbös beklagt, dass ich durchaus einen guten Tipp hätte weitergeben können, und stellte mich als ziemlich großen Egoisten dar!*

***Seitdem handhabe ich es** in der Form, dass ich meinem Freundes- und Bekanntenkreis wichtige Informationen und Geschäftsbeziehungen durchaus zugänglich mache, damit diese ebenfalls in Ruhe entscheiden können, inwiefern das empfohle-*

Selbstbezichtigungsmethode

Phase 1

Solidarität
Signalwort: „Ich selbst ...", „Ich habe auch ..."

Phase 2

Schlüsselerlebnis – Überzeugung
Signalwort: „... bis ich dann ..."

Phase 3

Fazit – Folgerung
Signalwort: „... seitdem weiß ich/habe ich ..."

Denn wenn Sie sich für XY entscheiden, bietet Ihnen dies drei, drei entscheidende Vorteile:
1) ....
2) ....
3) und dies ist ja besonders wichtig ....

Abb. 6.1 Phasen der Selbstbezichtigungsmethode

ne Angebot für sie in der jeweiligen Situation sinnvoll erscheint. Aus einem solchen Kontakt können sie ja in jedem Fall nur Vorteile ziehen. Schlechtestenfalls stellt sich schon einmal heraus, dass zu dem jeweiligen Thema die Weichen bereits gestellt sind und folglich bestimmte Informationen nur noch eine Bestätigung sein können in der Entscheidung, die man bereits getroffen hat.

Und wenn Sie sich dafür entscheiden, *es ähnlich zu handhaben,* **dann hat es für Sie drei entscheidende Vorteile:**

Erstens: Sie brauchen sich niemals mit einem solchen Vorwurf aus Ihrem Bekannten-Kollegenkreis auseinanderzusetzen.

Zweitens: Sie haben hier die Gelegenheit, einmal mit einem guten Tipp, einer wichtigen Information, die anderen mit hoher Wahrscheinlichkeit vorenthalten geblieben wäre, in Vorleistung zu gehen. Dadurch steigt Ihr Ansehen im Bekannten- und Kollegenkreis. Und **drittens**, und dies ist ja besonders interessant, Sie können zu diesem spezifischen Thema mit anderen Personen Rücksprache halten, was für Sie den Vorteil hat, eine weitere neutrale Meinung zu diesem Thema kennen zu lernen."

oder:

„Ich war früher genauso skeptisch gegenüber einer Weiterempfehlung, **bis ich dann** mehr oder weniger durch Zufall von einem Bekannten erfahren habe, dass er jahrelang eine interessante Einkaufsquelle nicht genutzt hat, folglich jahrelang eine erhebliche finanzielle Einbuße hatte, weil sein Schwager wie selbstverständlich jahrelang davon ausgegangen war, dass er bereits mit den Gegebenheiten vertraut ist. Der Schwager hat es somit als völlig überflüssig angesehen, einen solchen Geschäftskontakt zu knüpfen. **Seitdem weiß ich,** dass es in jedem Fall sinnvoll ist, in solchen Fällen eine Verbindung zu initiieren, auch wenn man unterschwellig davon ausgeht, dass zu dem entsprechenden Thema bereits Ansprechpartner existieren und Bekannte, Kollegen bei diesem Thema bestens versorgt sind. **Denn wenn Sie sich dazu entscheiden,** eine solche Empfehlung auszusprechen, dann kann das in jedem Fall für alle Beteiligten nur vorteilhaft sein: Eine zusätzliche Information und ein kritischer Vergleich sind immer gut."

Übung: Selbstbezichtigungsmethode
Solidarität:
„Ich selbst ..."/„ich habe auch ..."

Schlüsselerlebnis – Überzeugung:
„… bis ich dann …"

_____

_____

_____

_____

_____

Fazit – Folgerung:
„… seitdem weiß ich/habe ich …"

_____

_____

_____

_____

Sie haben es sicher bemerkt: Im zweiten Beispiel wurde der Ablauf dahingehend verkürzt, dass die Dreierargumentation lediglich in einem recht allgemeinen Vorteil zusammengefasst wurde.

Ähnlich wie bei der Schlüsseltechnik ist es hier ebenfalls unbedingt erforderlich, dass die Vorgehensweise nicht schematisch übernommen, sondern mit Ihrer Persönlichkeit ausgefüllt und von Ihrer Persönlichkeit geprägt wird. Diese Methode der Selbstbezichtigung lässt sich nicht bei jeder Kundenreaktion nutzen, hat aber gerade bei der Kundenaussage „Das möchte ich nicht – meine Bekannten/Kollegen sollen sich selbst um ihre Dinge kümmern" eine sehr hohe Argumentationskraft.

Diese Methode ist in ihrer Anwendung nicht nur auf Empfehlungsmarketing begrenzt. Wenn Sie sich verschiedene Gesprächssituationen aus Ihrer Verkaufspraxis vergegenwärtigen, werden Sie merken, dass Sie mit dieser Methode auch auf Einwände in vielen anderen Situationen reagieren können. Je vertrauter sie Ihnen durch häufige Anwendung wird, desto selbstverständlicher werden Sie diese Methode in Ihrer zukünftigen Verkaufs- und Verhandlungspraxis einsetzen.

Die „Unsinnigkeitsmethode"

Die „Unsinnigkeitsmethode": Auch bei ihr handelt es sich um eine Dreischritt-Methode aus der Dialektik, die insbesondere an der Stelle wirkungsvoll zum Einsatz kommt, wenn der Kunde zum Beispiel sagt: „Ich möchte erst einmal abwarten – erst mal sehen, ob das alles so zutrifft, wie Sie es versprochen haben." Aus einer solchen Kundenreaktion ist zu erkennen, dass noch keine hundertprozentige Identifikation mit dem soeben getätigten Abschluss vorliegt. Das ist eigentlich ein Widerspruch in sich, denn einerseits stimmt der Kunde der Kaufentscheidung zu, er bestätigt mit seiner Unterschrift, dass er den entsprechenden Nutzen für sich erkannt und zukünftig in Anspruch nehmen will. Andererseits aber hat er offensichtlich Zweifel daran, dass der zugesicherte Nutzen seitens des Verkäufers tatsächlich eintritt. Also eigentlich ein paradoxes, unsinniges Verhalten! Und genau daraus leitet sich der Begriff „Unsinnigkeitsmethode" ab (vgl. Abb. 6.2).

So wie bei einem Schlangenbiss das Gift mit einem Gegengift (Serum) behandelt werden muss, so hat es sich bewährt, in einer Gesprächssituation den „Unsinn" des Kunden mit einer ebenfalls unsinnigen, überspitzten Aussage zu kontern.

Zu Beginn der Formulierung steht eine rein hypothetische Annahme, die beim Kunden den Eindruck hinterlässt, bei der folgenden Aussage handele es sich lediglich um ein Gedankenspiel, auf das er sich gerne einlässt – und nicht um eine belehrende Behauptung. Diese Einstiegsformulierung wird bewusst im Konjunktiv formuliert (der ja ansonsten für das Verkaufsgespräch eher hinderlich ist), um ganz klar Unverbindlichkeit zu demonstrieren. Im direkten Anschluss werden drei recht dramatische Annahmen skizziert, die ja Realität werden würden, wenn die Befürchtung des Kunden tatsächlich berechtigt wäre. Nachdem diese Annahmen also ziemlich spektakulär vorgebracht worden sind, werden sie durch den Verkäufer sofort wieder relativiert und münden in eine abschließenden Formulierung, die die Zustimmung des Gesprächspartners herausfordert.

Diejenigen unter Ihnen, die sich für diese eher gewagte Vorgehensweise entscheiden können, werden mit hoher Wahrscheinlichkeit in der Praxis oft die Erfahrung machen, dass die komplette Ausführung dieses Dreierschritts gar nicht mehr möglich ist, weil der Kunde nämlich bereits nach dem zweiten Beispiel oder während des dritten Gedankens unterbricht und seine Aussage relativiert, indem er sagt: „Nein, nein, so habe ich das natürlich nicht gemeint!"

Ein solcher Dialog könnte wie folgt ablaufen:

Unsinnigkeitsmethode (Beispiel)
Kunde: *„Ich möchte erst einmal abwarten – mal sehen, ob das alles so zutrifft, wie Sie es versprochen haben."*

Abb. 6.2 Die Unsinnigkeitsmethode (Beispiel)

Verkäufer: *„Nur einmal angenommen, Ihre Befürchtungen wären berechtigt, dann würde das ja bedeuten:*

1. *dass Sie hier und heute eine Entscheidung vorschnell getroffen haben, ohne alles Für und Wider angemessen abzuwägen! Das würde ja bedeuten,*
2. *dass ich Sie hier und heute mehr oder weniger übervorteilt hätte und es lediglich darum ginge, mit Ihnen ein schnelles Geschäft zu machen! Das würde ja bedeuten,*
3. *dass alle diejenigen, die in der gleichen Situation wie Sie einen entsprechenden Kontakt zu anderen Bekannten/Kollegen über eine Empfehlung hergestellt ha-*

ben, mitverantwortlich sind für einen Vermögensschaden, den diese Personen anschließend erlitten haben ...
Nein, nein, nein, das kann ja nicht sein, oder?"

oder:
„Nur einmal angenommen, Herr ..., Ihre Befürchtungen wären gerechtfertigt, das würde ja bedeuten,

1. *dass mehrere Hundert/Tausend Kunden, die dieses Produkt bereits nutzen, gar nicht existieren würden, sondern lediglich vorgeschoben sind! Das würde ja bedeuten,*
2. *dass alle Kunden, die sich bereits mehrmals dazu entschlossen haben, dieses Produkt zu nutzen, letztlich ein wenig an geistiger Verwirrung leiden würden, und das würde bedeuten,*
3. *dass auch die gesetzlichen Auflagen, die hierfür existieren und nachweislich seit Jahren erfüllt werden, als solche ins Leere laufen, ja geradezu frei erfunden sind ...*

Nein, nein, nein, Sie haben sich sicher schon gedacht, das kann ja wohl nicht sein, Sie wollten sicher nur noch mal eine entsprechende Bestätigung hören, nicht wahr?"

Durch die Unsinnigkeitsmethode wird dem Kunden nachhaltig die Sicherheit vermittelt, dass die Entscheidung, die er getroffen hat, nur richtig sein *kann*. Und sobald er bereit ist, wirklich an seine Entscheidung zu glauben, wird er auch bereitwilliger sein, Ihnen eine oder sogar mehrere Empfehlungen zu geben.

Die vier häufigsten Kundeneinwände und der Umgang mit ihnen

Die Reaktionen der Kunden sind vielfältig, gleichzeitig aber bis zu einem gewissen Grad kalkulierbar. Aus dieser Erfahrung heraus wurde der folgende Einwandkatalog zusammengestellt, der sich exemplarisch mit den vier häufigsten Kundeneinwänden zur Empfehlungsfrage auseinandersetzt und Ihnen zu jedem der Vorschläge erläutert, weshalb es aus Verkäufersicht sinnvoll erscheint, diese Vorgehensweise zu wählen.

Kundenproblem – Weitergabe von Adressen

> **Beispiel**
>
> Kunde: *„Ich habe schlechte Erfahrung mit der Weitergabe von Adressen gemacht."*
> Verkäufer: *„Dass Sie auf Grund solcher Erfahrungen vorsichtig mit dem Umgang von Namen und Telefonnummern Ihrer Bekannten/Kollegen sind, ist absolut verständlich. Unter diesen Umständen wird es wohl dann das Beste sein, dass Ihr Name außen vor bleibt. Sie können darauf vertrauen, dass dieser Hinweis absolut diskret behandelt wird und Ihr Bekannter/Kollege nicht erfährt, wer ihm in bester Absicht einen solchen Gefallen tun will, dass er auch einmal die Vorteile von X und Y kennen lernen kann. Denken Sie denn in dem Zusammenhang mehr an jemanden aus Ihrem privaten Umfeld oder an einen Arbeitskollegen, der für dieses Thema ein offenes Ohr hat?"*

In dieser Vorgehensweise liegen vielfältige Vorteile. Der Verkäufer agiert hier nicht mit einer Einwandbehandlung im engeren Sinne, die der Kunde unterschwellig erwartet, sondern geht – bildhaft gesprochen – einen Schritt zurück, zeigt Verständnis für die Situation des Kunden und federt so dessen Skepsis ab (Verbaljudo).

Er versucht nunmehr, wenigstens 50 % seines zuvor gesteckten Zieles zu erreichen, indem er an Stelle einer „richtigen Empfehlung" zumindest eine „blinde Empfehlung" erhält. Eine blinde Empfehlung bedeutet, dass er zwar Name und Telefonnummer eines qualifizierten Kontaktes erfährt, sich aber nicht darauf berufen kann, dass er sie von besagtem Kunden erhalten hat. Es dreht sich also lediglich um eine – immerhin – hoch qualifizierte Adresse. Es wird dem Kunden ziemlich schwerfallen, sich gegen diese weiche, verständnisvolle Vorgehensweise abzugrenzen, und der Verkäufer verschafft sich hiermit die Gelegenheit, zumindest dadurch ein Teilziel zu erreichen. Das telefonische Nachfassen einer blinden Empfehlung wird in Kap. 7 eingehend behandelt.

Je nach Situation könnten Sie jetzt weiter fortfahren, wie beim folgenden Kundeneinwand erläutert, um im zweiten Schritt die Anonymität auszuhebeln.

Wunsch nach Anonymität

> **Beispiel**
>
> Kunde: *„Bitte nennen Sie dem Empfohlenen nicht meinen Namen – lassen Sie mich bitte außen vor."*
> Verkäufer: *„O.k., einverstanden, wenn Sie Wert darauf legen, dass Ihr Name außen vor bleibt, wird es gerne ausnahmsweise so gehandhabt, dass Ihr Bekann-*

ter/Kollege nicht erfährt, wer ihm hier in bester Absicht einen Gefallen erweisen will. Denken Sie denn in diesem Zusammenhang mehr an einen guten Bekannten oder an einen Geschäftsfreund?"

Der Kunde nennt einen oder zwei Namen, daraufhin steigt der Verkäufer in den Fragenkatalog ein, um einige Hintergrundinformationen zu den empfohlenen Personen zu erhalten. Besonders gut eignet sich die Frage „Woher, wie gut kennen Sie ihn/sie denn?" für den Einstieg. Der Kunde wird nun erfahrungsgemäß einige Angaben zu dieser freundschaftlichen bzw. kollegialen Beziehung machen, worauf der Verkäufer erwidern kann:

> **Beispiel**
>
> *„So wie Sie sagen, scheint Herr ... ein wirklich guter Bekannter, man kann ja fast sagen, ein Freund von Ihnen zu sein. Können Sie sich ernsthaft vorstellen, dass er darüber verärgert sein könnte, wenn Sie in der besten Absicht, ihm einen Gefallen zu tun, einen gewinnbringenden Kontakt für ihn herstellen? Glauben Sie wirklich, dass er darüber verärgert ist? Sicher würde er sich in diesem Zusammenhang auch darüber freuen, wenn es möglich wäre, ihm beim ersten Zusammentreffen einen lieben Gruß von Ihnen auszurichten. Sie können sicher sein, dass Herr ... nicht mehr angerufen wird, falls er bereits beim ersten Telefonat darauf bestehen sollte, zukünftig keine weiteren Informationen auf schriftlichem oder telefonischem Weg zu erhalten. Wie denken Sie darüber?"*

An dieser Stelle gibt der Gesprächspartner oft nach, wahrscheinlich schränkt er die Empfehlung in irgendeinem Punkt ein, zum Beispiel dahingehend, dass er darum bittet, den Empfohlenen nur tagsüber im Büro oder vielleicht abends nur bis spätestens 20 Uhr anzurufen. In dem Moment, in dem der Kunde sich detailliert zum Empfohlenen geäußert hat, sind vor seinem geistigen Auge verschiedene Bilder entstanden, und damit ist die Wahrscheinlichkeit, dass er einlenkt und seinen ursprünglichen Wunsch nach Diskretion aufgibt, erheblich gestiegen. Sollte Ihr Kunde seinen Wunsch nach Anonymität weiterhin aufrechterhalten, haben Sie immerhin den Vorteil, ein oder zwei blinde Empfehlungen mitnehmen zu können.

Diese Vorgehensweise entspricht – ebenso wie der zuvor beschriebene Lösungsansatz – den Regeln des Softsellings und kann insbesondere dann von Verkäufern nach erfolgreichem Abschluss eingesetzt werden, wenn die unterschwellige Befürchtung besteht, der Kunde könnte bei der intensiven Frage nach Empfehlungen verärgert und der bereits getätigte Abschluss gefährdet werden.

Meist sendet die Gefühlswelt des Verkäufers nach einer erfolgreichen Abschlussphase das Signal aus, den „geordneten Rückzug" anzutreten, erst einmal das Erfolgserlebnis zu genießen und die Frage nach einer Empfehlung auf einen späteren

Zeitpunkt zu verschieben. Diesen Impuls gilt es zu überwinden. Der Verkäufer, der die Frage nach Empfehlungen bereits als Selbstverständlichkeit verinnerlicht hat, versucht in jedem Fall auf die eine oder andere Weise, noch eine Empfehlung mitzunehmen. Der folgende „weiche" Dialog dient als weitere Hilfestellung, das gesteckte Empfehlungsziel allen Widrigkeiten zum Trotz doch noch zu erreichen.

Vorherige Rücksprache mit empfohlener Person

Beispiel

Kunde: *„Ich möchte lieber zuerst einmal mit meinem Bekannten/Kollegen Rücksprache halten!"*

Verkäufer: *„Das ist eine hervorragende Idee. Was halten Sie davon, wenn Sie ihn gleich anrufen und ihm kurz erklären, dass wir hier gerade zusammensitzen, und dann den Hörer an mich weitergeben. Sagen Sie, haben Sie seine Telefonnummer im Kopf, oder ist es erforderlich, dass Sie im Adressbuch nachschauen?"*

Einmal abgesehen davon, dass ein derart spontaner Appell dem einen oder anderen Leser vielleicht eine Spur zu dynamisch erscheint, birgt dieser Vorschlag natürlich auch einige Gefahren. So ist es zum Beispiel möglich, dass der Telefonanschluss des Empfohlenen für einen längeren Zeitraum besetzt ist, oder dass die Sekretärin äußert, der Empfohlene befinde sich außer Haus, oder dass der Empfehlungsgeber erst gar nicht anrufen möchte, weil er einen Anruf zu dieser Uhrzeit am Abend für nicht angebracht hält. Das heißt, diese Vorgehensweise kann bereits an rein praktischen Gegebenheiten scheitern. Für den Fall, dass eine solche Rücksprache nicht im Beisein des Verkäufers möglich ist, empfiehlt es sich in jedem Fall, mit der Kontrollfrage „Gesetzt den Fall, Ihr Bekannter/Kollege würde Sie fragen, um was es denn hier bei diesem Gespräch geht, wie würden Sie ihm diese Frage in wenigen Worten beantworten?" vorzufühlen. Es ist von entscheidender Bedeutung, wie der Empfehlungsgeber das Gespräch mit dem Verkäufer reflektiert und in welcher Form er die Kernbotschaft an den Empfohlenen weitergibt. Die damit verbundenen Gefahren wurden bereits in Kap. 5 näher erläutert. Als vorteilhaft kann es sich hier auch erweisen, den zeitlichen Rahmen für die Rücksprache beim Empfohlenen einzuengen. Etwa mit der Frage:

Beispiel

„Sagen Sie, bis wann werden Sie wohl voraussichtlich mit Ihrem Bekannten/Kollegen gesprochen haben?"

Nachdem Ihr Gesprächspartner Ihnen einen Zeitpunkt genannt hat, können Sie dies als Vereinbarung festhalten, indem Sie in Ihrem Terminbuch für Ihren Gesprächspartner sichtbar notieren, dass Sie sich ein oder zwei Tage nach dem genannten Zeitpunkt telefonisch bei ihm melden, um ihn nochmals auf diesen Punkt anzusprechen. Durch diesen Akt verringern Sie die Wahrscheinlichkeit um einiges, dass Ihnen beim nächsten Gespräch gesagt wird: „Ich bin noch nicht dazu gekommen" oder: „Ich habe es vergessen". Mit einer Notiz dokumentieren Sie die notwendige Ernsthaftigkeit und nehmen den Kunden dadurch ein bisschen in die Pflicht. Selbstverständlich ist, dass ein Profiverkäufer diesen Zeitpunkt zum Nachfass-Telefonat exakt einhält.

Noch eine Kundenreaktion, auf die Sie gefasst sein sollten:

Frage nach Vermittlungsprovision

Beispiel

Kunde: *„Was springt für mich dabei raus, wenn sich für Sie ein gutes Geschäft ergibt?"*

Verkäufer: *„Dass Sie sich fragen, inwieweit eine solche Vermittlung sich auch für Sie rechnen lässt, ist Ihr gutes Recht (dafür sind Sie Kaufmann genug). Wenn sich Ihr Bekannter/Ihr Kollege so wie Sie entscheidet und sich hieraus eine interessante Geschäftsentwicklung ergibt, seien Sie sicher, dass wir gemeinsam einen Weg finden werden, der sich auch für Sie lohnt, ein Weg, mit dem Sie sehr zufrieden sein können. Nur, wie sagt der Volksmund so schön: Man soll das Fell des Bären nicht zerteilen, bevor er erlegt wurde. Von daher werden Sie sicher zustimmen, dass es wenig Sinn macht, diesen Punkt bereits heute detailliert zu besprechen, noch bevor Ihr Bekannter/Kollege die Möglichkeit hatte, alle Vorteile kennen zu lernen und sich dann so wie Sie in aller Ruhe zu entscheiden. Lassen Sie uns deshalb erst einmal abwarten, was sich daraus ergibt, und zum geeigneten Zeitpunkt auf diese Frage zurückkommen."*

Der Wunsch nach einer Vermittlungsprovision ist sehr stark von der jeweiligen Branche abhängig, in der Sie als Verkäufer tätig sind. In bestimmten Märkten wird dieser Wunsch regelmäßig vorgebracht, während Verkäufer aus anderen Geschäftsfeldern in Seminaren immer wieder bestätigen, dass ihnen eine solche Frage bisher noch nicht zu Ohren gekommen ist.

Mit der oben angeführten Antwort-Formulierung bringen Sie – wiederum nach den Regeln des Softsellings – erst einmal Verständnis für den Kundenwunsch auf. Mit dem rhetorischen Bild *„Man soll das Fell des Bären nicht zerteilen, bevor er er-*

legt wurde" illustrieren Sie deutlich, dass Sie eine jetzige Verhandlung bezüglich Prozentzahlen oder eines festgelegten Geldwertes für verfrüht halten. Diese Formulierung kommt natürlich nur für diejenigen Verkäufer in Betracht, die überhaupt grundsätzlich bereit sind, einen Teil ihres Gewinns an einen Empfehlungsgeber weiterzureichen, um ihn in Zukunft zum Beispiel eventuell als entscheidenden Multiplikator für ihre Geschäftsinteressen zu nutzen. Wenn Sie die Frage nach Vermittlungsprovision bisher für sich dahingehend entschieden haben, dass Sie Ihr Honorar grundsätzlich mit keinem der Empfehlungsgeber teilen möchten, dann ist es am besten, dies in freundlicher und bestimmter Form zu artikulieren. Die Entscheidung als solche ist jedem selbst überlassen. Für eine Provision ließen sich wahrscheinlich genauso viele Argumente anführen wie dagegen. Was hier zählt, ist Ihr ganz persönlicher Standpunkt zu dieser Frage.

Übung: Umgang mit Kundeneinwänden

Mit welchen Kundeneinwänden werde ich am häufigsten konfrontiert? Wie bin ich bisher damit umgegangen?

_____

_____

_____

_____

_____

_____

Wie gehe ich zukünftig vor?

_____

_____

_____

_____

_____

Die Bearbeitung einer Empfehlung 7

Machen Sie nach einer Empfehlung den Termin fest!

Die Bearbeitung einer Empfehlung ist immer zweidimensional: Sie betrifft den Empfohlenen und natürlich auch den Empfehlungsgeber. Vermeiden Sie den Fehler, nach der Empfehlungsnahme zu viel Zeit verstreichen zu lassen: Immer wieder kommt es vor, dass Verkäufer zu lange warten und vermeintlich wichtigere Dinge erledigen. Und denken Sie daran: Der Empfehlungsgeber freut sich nicht nur über eine Rückmeldung über den Kontakt, der ja über ihn zu Stande gekommen ist, sondern er erwartet sie geradezu.

Wenn ein Verkäufer nicht unmittelbar, nachdem er einige qualifizierte Empfehlungen erhalten hat, zum Telefonhörer greift, um Termine zu vereinbaren, kann es daran liegen, dass er zeitlich bereits so eingespannt ist und seine Besuchsterminquote dermaßen hoch ist, dass er einfach keine Kapazitäten mehr hat. Wenn das bei Ihnen der Fall sein sollte, dann herzlichen Glückwunsch zu dieser Auslastung, die ja wirklich überdurchschnittlich ist! Mangel an neuen Verkaufsterminen scheint bei Ihnen nicht zu herrschen! Manche Vertriebsmitarbeiter schieben aber aus einem anderem Grund Empfehlungen vor sich her: Sie glauben, eine gewisse Anzahl von Empfehlungen, die sicher im Schreibtisch „verwahrt" sind, stelle eine „Reserve" für schwierige Zeiten dar; Adressen also, auf die man später zurückgreifen kann, wenn die durchschnittliche Terminauslastung einmal ins Stocken gerät. Sie vergessen in diesem Zusammenhang, dass jeder Tag unnützen Wartens den empfohlenen Kontakt erkalten lässt und darüber hinaus die Möglichkeit wächst, dass der Empfehlungsgeber mit dem neuen potenziellen Kunden Rücksprache hält. Diese Kommunikation funktioniert dann nach dem üblichen rhetorischen Prinzip: Die Weitergabe von Informationen oder Vorstellungen über das besagte Produkt oder die Dienstleistung erfolgt meist verfälscht, und es entsteht ein verzerrtes Bild. Dann wird es für Sie um einiges schwieriger sein, einen Termin zu vereinbaren, denn Sie rufen nicht mehr nur eine Person an, für die Ihr Angebot in Frage kommen könnte, sondern einen wahrscheinlich voreingenommenen Menschen. Machen Sie es sich deshalb zur Aufgabe, erhaltene Empfehlungen innerhalb einer 48-Stunden-Frist nachzufassen, das erleichtert Ihre Arbeit wesentlich.

Telefonische Terminvereinbarung mit dem Empfohlenen

Die erste Kontaktaufnahme mit der empfohlenen Person erfolgt in fast allen Fällen per Telefon. Es ist wichtig, auf diesen ersten Kontakt vorbereitet zu sein und nicht – wie vielfach üblich – einen Anruf viel zu spontan und mal eben nebenher zu tätigen. Meist haben Sie als Verkäufer nur diesen einen Versuch, um den Empfohlenen von dem Nutzen eines persönlichen Kennenlernens zu überzeugen. Insbesondere bei erklärungsbedürftigen Produkten und Dienstleistungen ist die Terminvereinbarung ein wesentlicher Schritt, da nur in den wenigsten Fällen ein direkter Verkauf am Telefon verhandelt wird. Neben einer zündenden Gesprächseröffnung, die Neugier weckt und dabei die Person des Empfehlungsgebers stark in den Mittelpunkt rückt, ist es unbedingt erforderlich, auf die sechs oder sieben Standardaussagen, die sich bei der Terminvereinbarung ergeben, vorbereitet zu sein.

Eine Gesprächseröffnung könnte wie folgt lauten:

Gesprächseröffnung Terminvereinbarung (Beispiele)

*„Der heutige Anruf bei Ihnen, Herr …, hat einen ganz besonderen Grund. Ihr Bekannter, **Herr Schneider**, hat sich vorgestern darüber informieren lassen, wie er alle staatlichen Subventionen, auf die er Anspruch hat, nutzen und gleichzeitig steuerliche Vorteile, die ihm zustehen, in Anspruch nehmen kann. **Herr Schneider** war sehr angetan von diesen Informationen, und auf Grund dessen hat **Herr Schneider** ausdrücklich darum gebeten, einmal mit Ihnen Kontakt aufzunehmen, damit auch Sie sich von diesen Möglichkeiten ein Bild machen können. Wie denken Sie darüber, in einem persönlichen Gespräch einmal tiefer in das Thema einzusteigen?"*

oder:

*„Grund des Anrufs, Herr …: Ihr Geschäftsfreund **Herr Schneider** nutzt seit geraumer Zeit die Möglichkeit, durch externe Unterstützung neue Kunden für sein Unternehmen zu gewinnen und die Zufriedenheit bei bestehenden Kunden noch weiter zu verstärken. **Herr Schneider** sagte, dass auch Sie für solche Themen immer ein offenes Ohr haben, und **Herr Schneider** hat deshalb darum gebeten, bei Ihnen einmal anzurufen. Was halten Sie davon, bei einer Tasse Kaffee diese Möglichkeiten näher zu besprechen?"*

Die Gesprächseröffnung soll dem Gesprächspartner ganz deutlich vermitteln, dass der Anruf ausschließlich auf Grund des ausdrücklichen Wunsches des Empfehlungsgebers erfolgt: Das kann insbesondere durch die dreifache Nennung des Empfehlungsgebernamens gemäß der rhetorischen Regel „3 = 9 W" (dreifache Nennung hat die neunfache Wirkung) erreicht werden.

Zu den detaillierten Regeln einer optimalen Gesprächseröffnung sowie der professionellen Vorwanddiagnose und Einwandbehandlung sei in diesem Zusammenhang nochmals auf mein bereits erwähntes Buch „Bei Anruf Termin" verwiesen.

Die Einwände des Empfohlenen sind absolut identisch mit denjenigen, denen Sie bei jeder anderen Aufgabenstellung der telefonischen Terminvereinbarung (Kaltakquise/Mailing nachfassen etc.) begegnen. Der Vorteil für den Anrufer in dieser speziellen Situation besteht allerdings darin, dass der Angerufene diese Widerstände nicht so massiv vorbringt wie bei Anrufen, die ohne Empfehlung erfolgen. In der Praxis ist immer wieder zu beobachten, dass der Empfohlene zum Beispiel den Wunsch nach Unterlagen bedeutend entgegenkommender äußert oder etwa freundlich darauf hinweist, dass er einen Kontakt zum Verkäufer für wenig sinnvoll erachtet, da er bereits einen Ansprechpartner zum Thema hat. Dieses Verhalten ist vor allem darauf zurückzuführen, dass der Angerufene unterschwellig befürchtet, Verkäufer und Empfehlungsgeber könnten sich über seine Person unterhalten. Er möchte dann nicht in einem schlechten Licht erscheinen und bringt deshalb seine Bedenken, wenn auch bestimmt, so doch immer mit einer gewissen Höflichkeit vor. Bei der Telefonakquise ohne vorherige Empfehlung ist es im Extremfall vielleicht schon manchem passiert, dass der Angerufene den Hörer einfach auflegt. Die Wahrscheinlichkeit, dass sich ein Angerufener so verhält, ist bei einem Telefonat, das auf Grund einer Empfehlung folgt, nahezu ausgeschlossen. Natürlich gibt es hier ebenfalls die berühmte Ausnahme von der Regel, insbesondere dann, wenn das zwischenmenschliche Verhältnis zwischen Empfehlungsgeber und Empfohlenem nicht stimmig ist. Das kann zum einen daran liegen, dass der Empfehlungsgeber sein persönliches Image völlig falsch einschätzt, oder daran, dass der Verkäufer mit zu hohem Druck auf Empfehlungen hingearbeitet hat und ihm daraufhin irgendwelche „Satelliten" aus dem Kundenumfeld genannt wurden, weil der Bedrängte sich nicht anders aus dieser Situation zu retten wusste.

An dieser Stelle sei wieder darauf hingewiesen: Das Ziel ist der Termin! Im Telefonat geht es einzig und allein darum, einen qualifizierten Besuchstermin abzustimmen. Folglich ist es fatal, bereits am Telefon nähere Details über das Produkt oder über die Dienstleistung zu erörtern. Wenn das Telefonat in diese Richtung „abdriftet", besteht die Gefahr, dass verfrüht bestimmte Themenbereiche angesprochen werden, die ausschließlich im Gespräch vor Ort geklärt werden sollten und am Telefon einfach nicht überzeugend (genug) transportiert werden können. Die

Erfahrung zeigt immer wieder, dass sich in einem Nachfasstelefonat die Situation innerhalb der ersten drei Minuten entscheidet – inklusive Adressvergleich. Also haben Sie in diesen ersten drei Minuten die größten Erfolgsaussichten. Das Ziel besteht darin, Neugier zu wecken und ein konkretes persönliches Kennenlernen zu vereinbaren, nicht darin, ein Verkaufsgespräch am Telefon vorwegzunehmen.

Nachfassen einer „blinden Empfehlung"

Diese Art der Empfehlung wurde bereits im Vorfeld definiert. Der Empfehlungsgeber möchte – aus welchem Grund auch immer – nicht genannt werden. Wie gehen Sie mit einer solchen Empfehlung um?

Die Reaktionen auf Ihren Anruf sind in diesem Fall relativ leicht kalkulierbar: Da Sie in der Gesprächseröffnung mehrfach auf den anonymen Bekannten/Kollegen verweisen, der Ihnen den Namen des Angerufenen genannt hat, wird dessen Wunsch immer vehementer geäußert, zu erfahren, wer dieser Mensch eigentlich ist: „Mit wem haben Sie gesprochen? – Wer war das?" Mit nahezu hundertprozentiger Sicherheit haben Sie es bei solchen Anrufen mit einem gehörigen Maß an Neugier zu tun, die der Angerufene befriedigt sehen möchte. Folglich ist es für diejenigen Verkäufer, die sich dazu entschließen, auch eine „blinde" Empfehlung zu bearbeiten, ganz besonders wichtig, mit diesen speziellen Einwänden umgehen zu können.

Erfahrungen aus der Praxis belegen, dass es hier zwei Lager von potenziellen Kunden gibt. Die einen akzeptieren eine entsprechende Einwandbehandlung und geben dem Terminwunsch nach, wenn sie auch vielleicht für den Rest des Tages noch darüber nachgrübeln, wer aus ihrem Bekannten- oder Kollegenkreis eine solche Empfehlung ausgesprochen haben könnte. Da kann es schon mal passieren, dass der Empfohlene den einen oder anderen Kollegen zum Beispiel in der Kantine anspricht und nachfragt, ob er vielleicht den Anruf initiiert hat. In jedem Fall bleibt durch diese Vorgehensweise ein Rest an Neugier, sodass die Frage nach dem Empfehlungsgeber beim persönlichen Termin noch ein weiteres Mal gestellt wird. Dann kann sich der Verkäufer nur noch mit den Worten entziehen, dass der Empfehlungsgeber sich selbst bei entsprechender Gelegenheit unter vier Augen offenbaren wird. Weisen Sie Ihr Gegenüber in dieser Situation daraufhin, dass eine Weitergabe ohne Zustimmung des Empfehlungsgebers einem Vertrauensbruch gleich käme und von daher ausgeschlossen ist.

Die zweite Gruppe von Kunden wird bereits am Telefon eisern darauf beharren, den Namen des Empfehlungsgebers zu erfahren und sich ansonsten nicht im Geringsten dazu bereit zeigen, einem Termin zuzustimmen. Bei dieser Gruppe können Sie Ihren bisherigen verkäuferischen Einsatz lediglich als ernsthaften Versuch abbuchen, Ihrem Gesprächspartner noch einen schönen Tag wünschen und das Telefonat freundlich beenden.

Das Nachfassen einer blinden Empfehlung könnte mit folgender Formulierung eingeleitet werden:

Nachfassen einer blinden Empfehlung (Beispiele)

Verkäufer: *„Der Anruf bei Ihnen, Herr …, hat einen ganz besonderen Grund. Ein Bekannter von Ihnen hat sich Anfang der Woche darüber informiert, wie er die letzten gesetzlichen Lücken in punkto Steuerersparnis nutzen kann und so einen entsprechenden Betrag, den er bereits ans Finanzamt gezahlt hat, wieder auf sein Privatkonto umbuchen kann. Ihr Bekannter war von dieser Möglichkeit sehr angetan, und deshalb hat Ihr Bekannter ausdrücklich darum gebeten, auch Sie hierzu einmal anzusprechen. Was halten Sie davon, bei einem persönlichen Gespräch genau auszurechnen, inwiefern eine Steuerersparnis auch in Ihrem Fall zu realisieren ist?"*

Kunde: *„Mit wem haben Sie da gesprochen?"*

Verkäufer: *„Es ist natürlich verständlich, dass Sie wissen wollen, wer in diesem Zusammenhang Ihren Namen genannt hat. Stellen Sie sich bitte einmal vor, wir hätten zuerst miteinander gesprochen, Sie hätten diese lukrative Form der Steuerersparnis zuerst kennen gelernt und dabei auch an einige Bekannte gedacht. Allerdings hätten Sie gleichzeitig um Diskretion gebeten, da es sich hier um solch sensible Themen wie Einkommen und Finanzen handelt. Dann ist ja vollkommen klar, dass diesem Wunsch auch entsprochen wird. Ihr Bekannter wird sich sicher bei nächster Gelegenheit mit Ihnen unter vier Augen hierüber unterhalten. Er wollte jedoch nicht, dass sein Name in diesem Zusammenhang jetzt überall genannt wird. Natürlich können wir über diesen brisanten Punkt auch gemeinsam sprechen, wenn wir uns persönlich kennen lernen. Welcher Wochentag ist denn für Sie grundsätzlich der angenehmste?"*

Natürlich stellt diese Einwandbehandlung kein Patentrezept dar, und einige Angerufene werden an diesem Punkt sicher weiter sehr hartnäckig nach dem Namen fragen. Die Tätigkeit eines Verkäufers bringt nun leider einmal eine entsprechende Anzahl von Misserfolgen mit sich, damit muss er einfach rechnen. Wenn es Ihnen gelingt, mit Ihren „blinden" Empfehlungen eine Abschlussquote zwischen etwa 30 und 50 % zu realisieren, dann hat sich deren Bearbeitung für Sie auf jeden Fall gelohnt.

Feedback an den Empfehlungsgeber

Wie oft haben Sie selbst eine Empfehlung ausgesprochen und anschließend keine Rückmeldung mehr erhalten? Wie oft kam es sogar vor, dass Sie dann beim nächsten Gespräch mit dem Verkäufer oder auch mit dem Empfohlenen die Initiative ergriffen und nachgefragt haben, ob zwischenzeitlich ein Kontakt aufgenommen wurde und wie dieses Gespräch verlaufen ist? Wenn Sie darüber nachgedacht und sich dann die Frage gestellt haben, ob Sie demjenigen nochmals bereitwillig eine Empfehlung aussprechen würden – was wäre dann Ihre Antwort?

Erinnern Sie sich an den Empfehlungsstammbaum! Eine Rückinformation an den Empfehlungsgeber ist dann von entscheidender Bedeutung, wenn Ihnen daran gelegen ist, diesen Empfehlungszweig in Ihrem ganz persönlichen Empfehlungsstammbaum zu einem dicken Ast auszubauen. Der Mensch ist von Natur aus neugierig, und folglich will der Empfehlungsgeber erfahren, wie sich die empfohlene Person zur Sache geäußert hat. Diese Rückkopplung von Seiten des Verkäufers wird meist versäumt, entweder auf Grund mangelnder Sensibilität oder einfach nur aus Bequemlichkeit.

Es ist als gegeben anzusehen, dass es gewisse Kunden gibt, die – manche von ihnen sogar gerne – Empfehlungen aussprechen, während andere durch nichts auf der Welt dazu zu bewegen sind. Aus welchem Grund sollten die Erstgenannten nicht bei ihrem Prinzip bleiben, wenn man sich als Verkäufer adäquat weiter um sie bemüht? Hier besteht die Möglichkeit, im Hinblick auf neue Geschäftsbeziehungen regelmäßig unterstützt zu werden – dies setzt allerdings eine ebenso regelmäßige Pflege dieses Empfehlungsstammbaums voraus. Nur wenn man sich an die Regeln hält und der Empfehlungsgeber immer sein „ordentliches Feedback" erhält, kann aus ihm ein Multiplikator werden.

Ein solches Feedback könnte zum Beispiel so formuliert werden:

Feedback an den Empfehlungsgeber (Beispiele)

„Grund des Anrufs, Herr …, ist, Ihnen kurz zu berichten, dass zwischenzeitlich ein Gespräch mit Herrn Schneider stattgefunden, er sich auch sehr über die lieben Grüße von Ihnen gefreut hat und er in jedem Fall froh war, dass Sie bei diesem brisanten Thema an ihn gedacht haben. Er hat sich eine endgültige Entscheidung natürlich noch vorbehalten, da er – genauso wie Sie es getan haben – in Ruhe abwägen möchte, welche der vorgestellten Möglichkeiten aus seiner Sicht die attraktivste Variante darstellt. Sobald er sich definitiv entschieden hat, erhalten Sie umgehend Nachricht von mir."

oder:

„Herr..., Ihr Bekannter war sehr erfreut darüber, einmal den genauen Ist-Zustand bezüglich seiner persönlichen Absicherung zu erfahren und zu sehen, in welchem Bereich entsprechende Lücken vorhanden sind, die es zu schließen gilt, um zukünftig auf der sicheren Seite zu sein. Er hat hierfür entsprechende Alternativvorschläge vorliegen und zugesagt, sich bis Ende nächster Woche zu entscheiden. Sicher wird er Ihnen beim nächsten Zusammensein von unserem angenehmen Gespräch berichten."

Machen Sie es sich zur Gewohnheit, diese notwendigen Rückmeldungen in die tägliche To-do-Liste Ihres Terminplaners zu integrieren – das wird sich als sehr nützlich erweisen. Ein solches Telefonat beansprucht nicht mehr als eine Minute Ihrer Zeit, Sie verstärken die Anbindung an Ihren Kunden, indem Sie sich positiv in seine Erinnerung rufen, und ebnen den Weg für weitere Empfehlungen.

Inwieweit Sie eine erfolgreiche Empfehlung darüber hinaus mit einem kleinen Präsent honorieren – nach der bewährten Erkenntnis „Kleine Geschenke erhalten die Freundschaft" –, unterliegt allein Ihrer persönlichen Entscheidung. Natürlich freut sich Ihr Kunde, wenn Sie ihm als Dank für die Empfehlung beim nächsten Servicebesuch eine gute Flasche Wein oder Champagner mitbringen – und gleichzeitig erhöhen Sie damit die Motivation des Empfehlungsgebers für die Zukunft. Hier gibt es viele unterschiedliche Möglichkeiten, sich erkenntlich zu zeigen – ob nun durch Spirituosen, kleine Werbegeschenke oder Mitbringsel für die Kinder, das sei auch ein wenig Ihrer eigenen Fantasie überlassen.

Ein sehr erfolgreiches Unternehmen in der Kapitalanlagebranche hat die Honorierung für Empfehlungen professionalisiert: Empfehlungsgeber erhalten ein Jahreslos für die „Aktion Mensch" oder für eine andere vergleichbare karitative Organisation – eingefasst in einem hübschen Rahmen. Eine solche Honorierung, die einem karitativen Zweck zugutekommt, findet hohe Akzeptanz bei den Kunden – so bestätigt vom verantwortlichen Vertriebsleiter des Unternehmens. Der Kunde fühlt sich durch den Aufdruck seines Namens in seiner Eitelkeit geschmeichelt, und dieser positive Effekt ist über das ganze Jahr präsent, in dem das Los gültig ist. Die Überreichung eines solchen Loses erfolgt mit den besten Wünschen, dass der Empfehlungsgeber den Hauptgewinn erhält, und der Anmerkung, dass – auch wenn das Los keinen Gewinn für den Inhaber einbringen sollte – doch eine gemeinnützige Organisation damit unterstützt würde – und allein das zähle für alle Beteiligten ja schon als Gewinn! Der Vertriebsleiter erzählte sogar von gelegentlichen Kundenanrufen, in denen von einem kleinen Gewinn berichtet oder schon einmal daran erinnert wird, dass das Los inzwischen abgelaufen sei und man folglich neue Empfehlungen aussprechen möchte – wenn es denn ein neues Los dafür gibt! Eine weitere Möglichkeit, von der ein Seminarteilnehmer berichtete, ist das Aushändigen eines hochwertigen Porzellanstücks, zum Beispiel einer Sammeltasse oder eines Sammeltellers. Hier könnte man mit dem Kunden gemeinsam an der Zusammenstellung eines kleinen Services arbeiten oder an einer dekorativen Tellersammlung für die Wand.

Sie sehen, diese oder ähnliche Präsente heben sich sicher wohltuend von dem üblichen „guten Schluck" ab. In jedem Fall erscheint eine individuelle Gratifikation attraktiver, aus der zu schließen ist, dass der Verkäufer sich einige Gedanken gemacht hat, wie er eine ganz bestimmte Person erfreuen könnte, und dabei eventuell sogar ihm bekannte persönliche Interessen und Hobbys des Empfehlungsgebers berücksichtigt hat.

Es sei davor gewarnt, den finanziellen Gegenwert eines solchen Präsents in zu große Höhen zu schrauben – das kann sich als Schuss nach hinten erweisen. Auf diese Weise werden unterschwellig Bedenken ausgelöst: Der Empfehlungsgeber beginnt, sich automatisch darüber Gedanken zu machen, welche Gewinnspannen bei diesem Produkt wohl gegeben sind. Ein Beispiel: Eine erfolgreiche Immobiliengesellschaft hat für die Empfehlung an einen steuersparwilligen Kunden, der eine Eigentumswohnung kaufte, eine Wochenendreise in eine europäische Großstadt für zwei Personen ausgelost. Da kam nicht nur Freude auf: Der Kunde hatte Bedenken, eine solche Reise auf Kosten der Freunde anzutreten, da man sich ja ausrechnen konnte, dass ein solcher Bonus direkt oder indirekt in den Kaufpreis eingeflossen war.

8 Zehn Tipps für ein erfolgreiches Empfehlungsmarketing

Wenn Präsente Ihrer persönlichen Verkaufsphilosophie entsprechen, lohnt es sich bestimmt, sich Gedanken darüber zu machen, auf welche Weise Sie sich mit diesen Präsenten oder „Belohnungen" – im richtigen Rahmen – von anderen Verkäufern positiv abheben.

*Setzen Sie all diese Ratschläge schon ab morgen in Ihrer Verkaufspraxis um! Wenn Sie die Empfehlungsfrage als selbstverständlichen Bestandteil in Ihre Verkaufsgespräche integrieren und alle Empfehlungen, die Sie erhalten, auf die oben beschriebene Weise sorgfältig behandeln, dann sind Sie auf dem richtigen Weg, dem **Königsweg der Neukundengewinnung!***

In den folgenden Tipps sind die wichtigsten Aspekte des Empfehlungsmarketings zusammengefasst. Zugleich bieten sie Ihnen die Möglichkeit, einen Umsetzungsplan zur Verbesserung Ihres Empfehlungsmarketings zu erstellen.

Tipp 1 Betrachten Sie das Empfehlungsmarketing als selbstverständlichen Bestandteil des Verkaufsprozesses.

Prüfen Sie:

- Was hat mich bisher daran gehindert, das Empfehlungsmarketing in meine Kundengespräche zu integrieren?
- Was tue ich sofort, um dies zu ändern?

Tipp 2 Stehen Sie zu Ihrer Tätigkeit als Verkäufer und gehen Sie das Thema „Empfehlung" selbstbewusst und selbstsicher an.
Prüfen Sie:

- Bin ich der Meinung, dass es für mich eine Art „Gnade" ist, wenn der Kunde mir eine Empfehlung gibt?
- Was muss ich tun, damit ich selbstbewusst sagen kann: „Ich habe dem Kunden etwas zu bieten – und es lohnt sich für ihn und den Menschen, den er mir nennt, mein Produkt, mein Unternehmen und mich kennenzulernen!"

Tipp 3 Verdeutlichen Sie sich, dass es keinen idealen Zeitpunkt gibt, um die Empfehlungsfrage zu stellen. Zumeist folgt sie zwar als Abschluss des Verkaufsgesprächs; es gibt aber auch andere sinnvolle Möglichkeiten.
Prüfen Sie:

- Wann habe ich bisher die Empfehlungsfrage gestellt?
- Gibt es für mich auch andere günstige Zeitpunkte – und welche?

8 Zehn Tipps zu einem erfolgreichen Empfehlungsmarketing

Tipp 4 Überlegen Sie sich mehrere Möglichkeiten für die konkrete Ausformulierung der Empfehlungsfrage. Achten Sie darauf, dass sie zu Ihnen passt und dass es möglich ist, sie je nach Gesprächssituation und Kundentypus abzuändern und anzupassen.
Prüfen Sie:

- Welche Empfehlungsfrage(n) habe ich bisher gestellt?
- Welche situations- und kundenadäquaten Alternativen nutze ich zukünftig?

_____

_____

_____

_____

Tipp 5 Überprüfen Sie Ihr Empfehlungsmarketing (und das gesamte Vorgehen im Kundengespräch) auf Authentizität und Glaubwürdigkeit.
Prüfen Sie:

- Stimmen geäußertes Wort und Einstellung, Wort und Tat, Denken und Handeln bei mir überein – und wo nicht?
- Was muss ich tun, um zu dieser Übereinstimmung zu gelangen?

_____

_____

_____

_____

Tipp 6 Erarbeiten Sie sich mehrere Alternativen für die Einwände, die Sie immer wieder zu hören bekommen.
Prüfen Sie:

- Welche Standardeinwände kenne ich und wie reagiere ich auf sie?
- Wie kann ich die Einwandbehandlungsstrategien, die ich jetzt neu kennen gelernt habe, trainieren?

Tipp 7 Versuchen Sie, so viele Informationen wie möglich über den Kunden zu erhalten, der Ihnen vom Empfehlungsgeber genannt wird.
Prüfen Sie:

- Gebe ich mich damit zufrieden, dass der Empfehlungsgeber lediglich den Namen eines potenziellen Neukunden nennt?
- Wann setze ich die Frage ein: „Wie kommen Sie spontan gerade auf diesen Menschen?" Was kann ich tun, um die Empfehlung zu qualifizieren?

Tipp 8 Legen Sie im Kundengespräch und beim Empfehlungsmarketing immer höfliche Hartnäckigkeit an den Tag.
Prüfen Sie:

- Wer führt das Gespräch in aller Regel: der Kunde oder ich?
- Wie erwerbe ich Tugenden wie Hartnäckigkeit, Fleiß und Ausdauer?

Tipp 9 Kommen Sie in die Umsetzung, sobald Ihnen eine Empfehlung gegeben worden ist. Nehmen Sie Kontakt mit dem potenziellen Neukunden auf und halten Sie den Empfehlungsgeber auf dem Laufenden.

- Wie viel Zeit vergeht, bis ich den Empfohlenen anrufe? Denke ich daran, den Empfehlungsgeber zu informieren?
- Was tue ich sofort, um mich hier zu verbessern?

Tipp 10 Bedenken Sie, dass die Empfehlung *ein* Baustein im Handwerkskasten des erfolgreichen Verkäufers ist.

Prüfen Sie:

- Bin ich bereit, alle Faktoren des erfolgreichen Verkaufens zu beachten?
- Welche Maßnahmen – im Bereich Weiterbildung und Selbstentwicklung – muss ich ergreifen, um die notwendigen Kompetenzen ganzheitlich zu entfalten?

Social Media contra Empfehlungsmarketing 9

Social Media – Erfolgsrezept oder interaktive Spielerei? Klar ist: Kein Unternehmen darf sich dieser Entwicklung verschließen. „Wie kann ich die sozialen Medien nutzen, um mehr Nähe zu meinen potenziellen Kunden herzustellen? Wie setze ich sie bei der Akquisition ein? Ist es sinnvoll zu bloggen, zu twittern, mein Profil bei Xing, Google+ und Facebook einzustellen?" Darauf müssen Sie Antworten finden.

Ebenso klar ist: Diese Fragen lassen sich nicht eindeutig beantworten. Denken Sie nur an die Zielgruppenorientierung. Angenommen, Sie starten eine Akquisitionsoffensive. Ich behaupte: In der Zielgruppe „60plus" erzielen Sie mit den klassischen Werbe- und Marketingaktivitäten größere Erfolge als mit Twitter und Co. Bei jungen Familien oder Berufseinsteigern hingegen erleiden Sie einen Ansehensverlust, wenn Sie auf Xing nicht präsent sind oder die Anzahl Ihrer „Freunde" und „Follower" allzu gering ausfällt.

Dazu passt eine aktuelle Regus-Umfrage (August 2011): Die Mehrheit der Unternehmen in Deutschland (72 %) meint, eine effiziente Marketingstrategie ohne die Verwendung sozialer Netzwerke sei undenkbar. 68 % der Unternehmen betonen jedoch den Wert einer ausgeglichenen Marketingstrategie. Sie sind der Überzeugung, dass Marketingkampagnen vor allem als Kombination von traditionellen und digitalen Mitteln erfolgreich sind.

Bei Themen rund ums „liebe Geld" ist der persönlich-vertrauensvolle Kontakt von Mensch zu Mensch ungleich wichtiger als in anderen Branchen. Das gilt erst recht bei der Neukundengewinnung: Wenn Ihre Finanzprodukte und Sie von einem Verwandten, Berufskollegen oder Kameraden aus dem Sportverein oder Kegelclub empfohlen oder Ihr persönliches Auftreten lobend erwähnt werden, wiegt dies bei weitem mehr als die oberflächliche Follower-Kennzahl – und sei die „Daumenhoch"-Klickrate noch so beeindruckend.

> Konkret: Die in der Mittagspause ausgesprochene einmalige Empfehlung des Kollegen, sich doch einmal über ein Finanzprodukt zu informie-

ren, ist wertvoller als zigmal angeklickte „Gefällt mir"-Empfehlungen im Internet.

Allerdings – weiterhin gilt der Grundsatz: Sie können das Eine tun, müssen deswegen aber das Andere noch lange nicht lassen. Social Media und klassische Wege der Neukundengewinnung schließen sich nicht aus, stehen sich nicht in einem Entweder-oder-Verhältnis diametral entgegen. Begreifen Sie es vielmehr als ein Sowohl-als auch.

Der Kunde will da abgeholt werden, wo er steht. Wenn es für Ihre Finanzprodukte und Ihre Reputation sinnvoll ist und sichergestellt ist, dass Ihre Kunden die sozialen Netzwerke nutzen, sich dort austauschen und Empfehlungen aussprechen, kann die Konsequenz nur lauten: Denken Sie über eine Strategie und ein Konzept nach, wie Sie die Möglichkeiten von Social Media professionell einsetzen.

Social-Media-Duftmarken setzen

Wichtig ist auch in Zeiten von Social Media eine differenzierte Zielgruppenanalyse: Wo tummeln sich Ihre potenziellen Kunden im Internet, ist eine Präsenz bei YouTube sinnvoll und notwendig, ist der Kommunikationsaustausch mit ihnen über Facebook sinnvoll? Social Media stellen eine Spielwiese dar, auf der Sie Duftmarken setzen müssen, um bekannt(er) zu werden und Ihrem Unternehmen und Ihnen ein sympathisches Gesicht zu verleihen. Dabei wird der Privatkundenbereich eine größere Rolle spielen als der Geschäftskundenbereich.

Bedenken Sie: Ihre potenziellen Neukunden werden das Internet und die sozialen Netzwerke zumindest als Vorab-Informationsquelle nutzen. Und sie werden nach dem persönlichen Kontakt mit Ihnen prüfen, welche Bewertungen, Beurteilungen und Aussagen über Ihre Produkte und Sie im weltweiten Netz zu finden sind.

▶ Wiederum konkret: Ein zufriedener Kunde empfiehlt Sie im Freundeskreis – und diese Freunde verifizieren die Aussagen Ihres Kunden im Internet: „Mal sehen, wie der Fonds, die Firma und der Vermittler Martin Müller im Blog bewertet werden, mal sehen, wie sich der Vermittler im Xing-Profil präsentiert."

Qualität schlägt Quantität

Social Media gehören mithin zu einem professionellen Marketing-Mix, keine Frage. Analysieren Sie, mit welchem Einsatz Ihre Aktivitäten bezüglich der sozialen Medien betrieben werden müssen, um den erwünschten Nutzen zu erreichen.
Mit einiger Wahrscheinlichkeit wird Ihre Kosten-Nutzen-Analyse ergeben, dass entscheidungsrelevante Empfehlungen, die zu einer Kontaktaufnahme mit Ihrem Unternehmen und Ihnen führen, immer noch über die klassische Empfehlungsschiene ausgesprochen werden. Bei Social Media ist die Masse entscheidend – je mehr Follower, desto besser. Im klassischen Empfehlungsmarketing geht es um Qualität, pointiert ausgedrückt: um Klasse.

▸ Noch einmal: Social Media ist eine notwendige Wiese, auf der auch Sie spielen müssen. Ihre Speerspitze bei der Neukundengewinnung ist jedoch immer noch das klassische Empfehlungsmarketing.

Fragen Sie also bei Ihren zufriedenen und begeisterten Kunden weiterhin aktiv nach potenziellen Neukunden, motivieren Sie den Kunden, Sie weiterzuempfehlen. Damit dies gelingt, sollten Sie Ihre Kunden zum „Werbechef" entwickeln und ihm eine zielgerichtete Weiterempfehlungsfrage stellen.

Erfolgsfaktoren für professionelles Empfehlungsmarketing von A bis Z

A = Authentisch Wichtig ist auch bei der Empfehlungsfrage – wie in jeder anderen Phase des Verkaufs –, dass der Verkäufer authentisch bleibt und die folgenden Formulierungen nicht gebetsmühlenartig „herunterleiert". Einer der wesentlichen Kernpunkte ist, dass Sie nur mit Formulierungen und Lösungsansätzen arbeiten, die mit Ihrer Verkaufsphilosophie übereinstimmen und mit denen Sie sich wirklich identifizieren können.

B = Bewährte Einfälle „Vitamin E" ist der Sieg bewährter Einfälle über sporadische Zufälle. Im Verkäuferalltag scheint das „Weitersagen" keine Selbstverständlichkeit zu sein, obwohl es doch im täglichen Umgang permanent praktiziert wird. Überlegen Sie einmal, wie oft Sie (meist unbewusst) eine Empfehlung aussprechen, indem Sie ein gutes Restaurant, ein Hotel, Ihre Autowerkstatt, einen Kinofilm, einen Arzt, ein Feriengebiet, ein Bekleidungsgeschäft, Ihren Frisör und unendlich vieles mehr empfehlen, mit dem Sie selbst gute Erfahrungen gemacht haben. Oft werden solche Empfehlungen im allgemeinen Gespräch mit Bekannten und Kollegen ausgesprochen, ohne dass der Empfehlungsratgeber sich dessen wirklich bewusst ist. Empfehlungen sind also eine Selbstverständlichkeit in unserem Alltag. Auch für einen Profiverkäufer ist es nichts Ungewöhnliches, dass Kunden, die sein Produkt nutzen, oder Interessenten, die aus dem Kontakt mit ihm interessante Informationen erhalten haben, bereit sind, eine Weiterempfehlung auszusprechen.

C = Cocooning Potenzielle Kunden wehren sich gegen unerwünschte Anrufe, sie sind nicht mehr bereit, ihre Zeit mit dem Lesen von Werbung zu verschwenden. Und Zeitmangel hält potenzielle Kunden oft davon ab, eine Messe oder eine Ausstellung zu besuchen. Dieser Prozess des „Cocooning" (sich einspinnen wie in einem Kokon), der in Amerika schon seit geraumer Zeit Einzug gehalten hat, ist auch in Europa immer öfter zu beobachten.

D = Danke (für den Auftrag) In der Praxis bedankt sich ein Verkäufer oft für den soeben erhaltenen Auftrag. Dieses „Danke für den Auftrag" hat nichts mit einer Nachmotivation des Kunden zu tun. Mit einer solchen Formulierung wird sogar eher das Gegenteil erreicht, denn: Im Normalfall bedankt sich ein Mensch, wenn er etwas geschenkt bekommen hat. Schon als Kind hat man uns beigebracht, uns zu bedanken, wenn wir ein Geschenk erhalten. Weshalb sollte sich also ein Verkäufer für den Abschluss bedanken? Meist ist sich der Verkäufer der Wirkung dieser Worte gar nicht bewusst.

E = Empfehlung Eine Empfehlung dient als Türöffner und hat folglich den höchsten Stellenwert in der Methodik der Neukundengewinnung. Die entscheidende Frage, die sich hier stellt, ist: *Wie* erhalte ich eine Empfehlung und *wie* erhalte ich eine genügende Anzahl von Empfehlungen? Daran schließt sich die nächste Frage an: Wenn ich solche Empfehlungen erhalten habe, wie gehe ich *professionell* mit ihnen um?

F = Frage nach einer Empfehlung Zur Empfehlungsfrage gibt es bisher nur wenig Literatur. Auch wenn sie in einigen Verkaufsleitfäden angeschnitten wird, finden sich in den meisten Fällen lediglich klassische Formulierungshilfen. Klar ist aber auch: Es gibt kein Patentrezept; eine offene Frage ist wesentlich vorteilhafter als „geschlossene" Frage-Formulierungen. Nach meiner persönlichen Erfahrung ist die nachfolgende Empfehlungsfrage nahezu optimal, da sie ein Höchstmaß an Kundenorientierung zeigt und auf den Bekannten/Kollegen des Empfehlungsgebers abstellt. Diese Formulierung wurde in den vergangenen Jahren zusammen mit zahlreichen Verkaufsprofis erarbeitet und wird in der Praxis immer wieder mit überdurchschnittlichem Erfolg eingesetzt. „So wie Sie heute – (spezifischer Nutzen) – so ist da möglicherweise der eine oder andere Bekannte oder Kollege, der davon noch nichts weiß, ja vielleicht noch nicht einmal ahnt, dass es das gibt. Wenn es nun darum geht, jemanden darüber zu informieren, ihm hiermit einen Gefallen zu erweisen, an wen denken Sie dann spontan, an jemanden aus Ihrem Bekanntenkreis oder eher an jemanden aus Ihrem beruflichen Umfeld?"

G = (It's a mind) Game Der bekannte Formel-1-Pilot Mika Häkkinen sagte vor einiger Zeit in einem Interview selbstbewusst: „It's a mind game". Diese Aussage lässt sich hervorragend auf unser Thema übertragen. Das Praktizieren erfolgreichen Empfehlungsmarketings ist ebenfalls ein „mind's game" – es wird größtenteils im Kopf entschieden. Die Einstellung zur Option, zukünftig höhere Umsätze zu erzielen, ist wesentliche Grundlage dafür, ob und inwiefern Sie bereit sind, die Formulierungshilfen und Techniken in der Praxis zu nutzen.

H = Höfliche Hartnäckigkeit hilft Für den weiteren Verlauf eines Gesprächs gibt es ganz sicher keinen „Zaubersatz", der Ihren Kunden dazu bewegt, Empfehlungsnamen nur so hervorzusprudeln, aber es gibt Möglichkeiten, an dieser Stelle optimal mit den jeweiligen Aussagen der Kunden umzugehen. Mit der Formulierung „Zugegeben, Herr …, diese Frage ist jetzt vielleicht etwas spontan, etwas überraschend" nehmen Sie einen möglichen inneren Einwand Ihres Gesprächspartners vorweg. Gleichzeitig behalten Sie die Initiative und agieren damit gemäß eines der wichtigsten Grundsätze des Verkäuferlebens, nämlich gemäß der drei H: Höfliche Hartnäckigkeit hilft.

I = Image der Empfehlung Viele Verkäufer weigern sich, die Frage nach einer Empfehlung zu stellen, weil sie sie – bezogen auf ihr Produkt und ihre Branche – für nicht angemessen halten. Sie sind der Überzeugung, dass Empfehlungsmarketing eine Form der Neukundengewinnung ist, die vielleicht für dubiose Strukturvertriebe geeignet ist, die nach dem „OTS-Prinzip" (Onkel, Tante, Schwiegermutter) funktionieren. Doch Empfehlungsmarketing ist nahezu branchenunabhängig, und nur weil es in bestimmten Vertriebsformen mit recht schlechtem Image unter Hochdruck genutzt wird, darf dieses Image nicht automatisch auf die eigene Situation übertragen werden.

J = Jedes Unternehmen Die Gewinnung neuer Kunden ist und bleibt für jedes Unternehmen ein zentrales Thema. Selbst bei bester Kundenpflege ist branchenübergreifend ein jährlicher Kundenschwund von circa zehn bis fünfzehn Prozent zu verzeichnen, der sich kaum vermeiden lässt. Oft steht diese Tatsache im Zusammenhang mit widrigen Umständen, die nicht unbedingt von Seiten der jeweiligen Institution oder des einzelnen Verkäufers beeinflusst werden können. Folglich ist die Akquise neuer Kontakte für das Fortbestehen eines Unternehmens – und für den Erfolg des einzelnen Verkäufers – von zunehmender Bedeutung.

K = Klassische Methoden Die klassischen Methoden der Neukundengewinnung (Telefonmarketing, Mailingaktionen, Messen, Anzeigen u. a.) sind hinlänglich bekannt, müssen aber in den einzelnen Märkten mit steigendem Aufwand immer mehr forciert werden. Da Kunden heutzutage einer ständigen Reizüberflutung ausgesetzt sind, hat das zur Folge, dass sie „zumachen" und immer seltener bereit sind, sich auf Kontaktaufnahmen herkömmlicher Art einzulassen.

L = Los! Setzen Sie all diese Ratschläge schon ab morgen in Ihrer Verkaufspraxis um! Wenn Sie die Empfehlungsfrage als selbstverständlichen Bestandteil in Ihre

Verkaufsgespräche integrieren und alle Empfehlungen, die Sie erhalten, auf die beschriebene Weise sorgfältig behandeln, dann wird er sich Ihnen erschließen: der Königsweg der Neukundengewinnung!

M = Marketing – gestern und heute Die Reizüberflutung nimmt zu. Das führt zur sukzessiven Abstumpfung bestimmter klassischer Marketinginstrumente, die in der Vorzeit ihre Dienste geleistet haben, sich aber inzwischen nach und nach überholen. Bei all diesen herkömmlichen Methoden müssen der Aufwand und damit insbesondere die betriebswirtschaftliche Größe immer weiter erhöht werden, um das gewünschte Ergebnis zu erreichen.

N = Neugierde durch Namensnennung Mit einer Empfehlung, bei der sich der Verkäufer auf einen Kontakt beruft, der vom potenziellen Kunden als positiv assoziiert wird, ebnet sich der Weg zu ihm. Durch eine solche Namensnennung wird Neugierde geweckt, und selbst extreme Situationen, wie die „Sekretärin als Vorzimmerbarriere", werden relativiert.

O = Der Empfehlungskreislauf Auch aus betriebswirtschaftlicher Sicht ist Empfehlungsmarketing die günstigste Methode zur Erschließung neuer Umsatzpotenziale. Verkäufer, die sich dieser Zusammenhänge bewusst sind und kontinuierlich nach Empfehlungen fragen, arbeiten auf einen so genannten Empfehlungskreislauf hin: Mit einem derartigen Empfehlungskreislauf verfügen Sie immer über eine der wichtigsten Grundlagen eines erfolgreichen Verkäufers, nämlich über ausreichendes (qualifiziertes) Adresspotenzial.

P = Praxis Wenn Sie sich mit Formulierungshilfen und praktischen Tipps beschäftigen, ist es immer wieder wichtig, dass Sie an eines denken: Jeder Verkäufer ist eine individuelle Persönlichkeit, jeder Verkäufer stellt sich anders dar – und für jeden Typ gilt es, passende Formulierungen zu finden. Es ist von zentraler Bedeutung zu erkennen, welche Formulierungen in Ihren persönlichen Sprachgebrauch passen. Der höchste Anspruch ist und bleibt, dass Sie sich mit Ihrem Verkaufsgespräch identifizieren und dass Sie authentisch bleiben.

Q = Qualifizierung der Empfehlung Sie sind nun also in der glücklichen Lage, einen oder mehrere Namen erhalten zu haben: Die Qualität dieser Empfehlung kann durch entsprechende Hintergrundinformationen weiter optimiert werden. Eine bessere Qualität erhalten die Namen, wenn sie mit Zusatzinformationen versehen werden, das heißt, wenn Sie von der empfohlenen Person noch so viel erfahren, dass Sie sich zumindest ein ungefähres Bild von ihr machen können. Auf diese Weise gelingt es Ihnen, diese Person besser einzuschätzen und sicherer entscheiden zu können, welchen der Empfehlungen eine höhere Priorität in der Bearbeitung zukommt.

R = Referenz Die Begriffe Empfehlung und Referenz werden bisher von vielen Verkäufern nur unzureichend getrennt. Ein Verkäufer hat einen Kunden, der das Produkt oder die Dienstleistung bereits nutzt, damit zufrieden ist und dies auf Wunsch einem neuen Kunden gegenüber zu bestätigen bereit ist. Diese Bestätigung wird als Referenz gewertet und kann, wenn gewünscht, auch in schriftlicher Form erfolgen. Eine Empfehlung hingegen ist auf die Zukunft ausgerichtet. Ein Kunde, der bereits mit dem Verkäufer in einer Geschäftsbeziehung steht, empfiehlt einen neuen Kontakt – mindestens mit Namen und Telefonnummer – mit der Maßgabe, sich auf den Empfehlungsgeber berufen zu können.

S = Sprungbrett Nachmotivation Jeder Mensch ist empfänglich für eine Bestätigung, nachdem er eine mehr oder weniger große Kaufentscheidung getroffen hat. Dieser Aspekt wird in der klassischen Verkaufspsychologie als Nachmotivation bezeichnet. Der Kunde ist nach der gemachten Zusage oft noch etwas verunsichert, ob er tatsächlich das Richtige getan hat, und insofern für jede Zustimmung – auch von Seiten des Verkäufers – offen und dankbar. An dieser Stelle macht es durchaus Sinn, an die Gefühle des Kunden zu appellieren, ihn in seiner Entscheidung zu bestärken und diese Nachmotivation als Sprungbrett für die nachfolgende Empfehlungsfrage zu nutzen.

T = Telefonische Terminvereinbarung Die erste Kontaktaufnahme mit der empfohlenen Person erfolgt in fast allen Fällen per Telefon. Es ist wichtig, auf diesen ersten Kontakt vorbereitet zu sein und nicht – wie vielfach üblich – einen Anruf viel zu spontan und mal eben nebenher zu tätigen. Meist haben Sie als Verkäufer nur diesen einen Versuch, um den Empfohlenen von dem Nutzen eines persönlichen Kennenlernens zu überzeugen. Insbesondere bei erklärungsbedürftigen Produkten und Dienstleistungen ist die Terminvereinbarung ein wesentlicher Schritt, da nur in den wenigsten Fällen ein direkter Verkauf am Telefon verhandelt wird. Eine zündende Gesprächseröffnung, die Neugier weckt und dabei die Person des Empfehlungsgebers stark in den Mittelpunkt rückt, ist der Garant für ein erfolgreiches Telefongespräch.

U = Überzeugen Überzeugen kann man besser über einen Zeugen. So verhält es sich auch bei der Empfehlung. Durch den Empfehlungsgeber ist der Verkäufer nahezu vorverkauft, da ein entsprechender Vertrauensbonus besteht. Bei jeder anderen Art der Kundengewinnung schaltet sich sofort das Unterbewusstsein ein. Es sagt uns als potenziellem Käufer: „Klar, dass dieser Mensch sein Produkt/sein Unternehmen nur mit den besten Worten beschreibt, er will ja schließlich ein Geschäft machen! Aber woher soll ich wissen, ob er die Wahrheit sagt?" Mit dem Vertrauensbonus, der über eine Empfehlung „mitgeliefert" wird, sieht der Gedankengang ganz anders aus: „Aha, wenn der Herr … dieses Angebot bereits nutzt und damit zufrieden ist und es gleichzeitig noch an mich weiterempfiehlt, dann muss es einfach gut sein."

V = Vorwand oder Einwand Sicher sind Sie in der Verkaufsliteratur oder während eines Seminars schon auf die Differenzierung der Kundenreaktionen in Vorwand und Einwand gestoßen. Zu diesen beiden Begriffen und ihrer Unterscheidung gibt es unzählige Definitionen, Modelle und Unterscheidungskriterien. An dieser Stelle genügt eine recht einfache Differenzierung. Wenn der Verkäufer nach erfolgreichem Abschluss oder bei einem qualifizierten Kundentermin im Gespräch die Empfehlungsfrage stellt und der Kunde sofort wie ein Maurer reagiert, indem er nämlich eine Wand aufbaut und eine pauschale Zurückweisung äußert, dann läuft der Verkäufer mit seiner Frage im wahrsten Sinne des Wortes „vor die Wand". Anders stellt sich der „Einwand" dar: Hier hat der Kunde gezielt etwas gegen das Anliegen des Verkäufers einzuwenden, manchmal kombiniert mit Skepsis und Argwohn. Während ein Vorwand pauschal ist und auch so formuliert wird, ist bei einem Einwand immer ein konkreter Ansatzpunkt erkennbar.

W = Widerstände des Kunden Wie im normalen Verlauf eines Verkaufsgespräches die Reaktionen kalkulierbar sind, so verhält es sich auch beim Empfehlungsgespräch. Es ist deshalb für alle Verkäufer, die die Anzahl ihrer Empfehlungen nennenswert erhöhen möchten, unabdingbar, sich mit den gängigen Vorwänden und Einwänden auseinanderzusetzen, um im entscheidenden Dialog mit dem Kunden vorbereitet zu sein und optimal reagieren zu können.

XY = Die großen Unbekannten Manche Verkäufer haben Angst, den großen Unbekannten beim Empfehlungsmarketing zu beggenen: ungewöhnlichen und nicht kalkulierbaren Kundeneinwänden, mit denen sie nicht umzugehen wissen. Dafür gibt es keinen Grund: Mit etwas Übung und Training der individuell zugeschnittenen Formulierungshilfen erhalten Verkäufer einen Baukasten, der ihnen hilft, jede „Empfehlungs-Klippe" gekonnt zu umschiffen.

Z = Der „richtige" Zeitpunkt Den optimalen Zeitpunkt für die Empfehlungsfrage festzulegen, ist nicht möglich. Es gibt ihn einfach nicht. Hier ist die Empathie des Verkäufers in besonderem Maße gefordert, um aus dem jeweiligen Gesprächsverlauf und dem Motivationsgrad des Kunden den optimalen Zeitpunkt zu erkennen und ihn dann gezielt wahrzunehmen. Allgemein kann man jedoch sagen, dass die Empfehlungsfrage in dem Moment am sinnvollsten erscheint, wenn der Kunde unterschrieben hat. Ein Zitat von Boris Becker passt an dieser Stelle besonders gut: „Am besten lässt sich der Ball dann spielen, wenn er den Scheitelpunkt erreicht hat."

Sachverzeichnis

A
Alternativfrage, 50
   Formulierungsvorschlag, 50–52
Angst, 19, 22, 23
Anzeigen/Tagespresse, 4
Ausstellung, 4
Authentizität, 32

B
Bearbeitung, 87
Begeisterung, 16–18
Beilage/Tagespresse, 4
Beziehungsgeflecht, 64
Bittsteller-Syndrom, 19, 28, 29, 49
Blinde Empfehlung, 90
   Formulierungsvorschlag, 91

D
D = 3 W, 50, 70
Datenschutz, 2
Direktansprache, 3
   telefonische, 2
Direktmarketing, 3
Dreischritt-Methode, 41

E
Einstellung des Verkäufers, 19, 25, 29, 31, 67
Einstiegsformulierung, 69
Einwand, 68, 71, 89
   Umgang mit Einwänden, 81
Einwandbehandlung, 91
Emotionen, 31
Empfehlung, 6, 8–10, 14, 89
   aktive, 16
   als Selbstverständlichkeit, 26
   Geschäftsbereich, 13
   passive, 15, 16
   Privatpersonen, 12
   und Referenz, 9
   Verkäufer verkauft, 14
   Zeitpunkt, 27, 38
Empfehlungsfrage, 14, 19–21, 23, 46, 65
   W-Fragen, 49
Empfehlungsgeber, VII, VIII, 9, 10, 58, 59, 93
Empfehlungskreislauf, 12
Empfehlungsmarketing, VII, 7, 95
   Check-up, 8
   Tipps, 95
   von A bis Z, 105
Empfehlungs-Meeting, 22
Empfehlungsspross, 39
Empfehlungsstammbaum, 59–61, 92
   Visualisierung, 61
Empfohlener, 10
Erfolgsfaktor, V, 31
   Check-up, 35
Erschließung neuer Umsatzpotenziale, 11
Erstkontakt, 11

F
Feedback an den Empfehlungsgeber, 92
   Beispiel, 92
Formulierung, 50, 51
Fragenkatalog, 54, 59
Fragetechnik, 48

G

Gefallen erweisen, 50
Gefallen revanchieren, 50
Gefallen tun, 50
Gefühlswelt des Kunden (bei Empfehlungsfrage), 30
Gesetz der Zahl, 65
Gesprächseröffnung, 88
Glaubenssatz, 26, 32

H

Hartnäckigkeit, 73
Hörfunk, 5
Hypothese (Scheinannahme), 42

I

Ich-bezogene Argumentation, 74
Ich-Botschaft, 74
Ich-Standpunkt, 29
Identifikation, 33
Identifikationsfaktor, 33
Image der Empfehlung, 25
Informationsquelle, 102
Integrität, 32
Internetauftritt, 5

J

Ja-Fragen-Schiene, 47

K

Kaufkater, 40
Kompetenz, verkäuferische, 34
Kompetenzauslotung, 56
Kosten-Nutzen-Analyse, 103
Kundenakte, 64
Kundendialog, 14
Kundeneinwand, 81, 86
Kundenpflege, 2
Kundenproblem, 82
Kundenreaktion, 67
Kundenwiderstand, 67

M

Mailingaktion, 3
Marktbearbeitung, strategische, 33
Messen, 4

Multi-Level-Marketingsysteme, VIII
Multiplikator, VIII

N

Nachfassen einer blinden Empfehlung, 90, 91
  Beispiel, 91
Nachmotivation, 38, 40, 41, 46
Nein des Kunden, 20
Neukundengewinnung, VIII, 1, 101
Nutzen des Produkts, 14

P

Persönlichkeit, 31, 32, 37
Praxis des Empfehlungsmarketings, 37
Preis, 14
Preis (Verkäufer verkauft), 14
Produktnutzen (Verkäufer verkauft), 14
Profiverkäufer, VIII
Prospekteinwand, 6

Q

Qualifizierung der Empfehlung, 54, 87
  Frage zur Qualität, 54
  Fragenkatalog, 54

R

Referenz, 9
Reizüberflutung, 1, 3, 6
Rückinformation, 92
Rückmeldung, 93
Rücksprache mit Empfohlenen (Einwand), 84

S

Schlüsselfrage, persönliche, 72
Schlüsseltechnik, 69
Selbstbezichtigungsmethode, 73, 74
  Beispiel, 75
  Phase, 76
Servicecall, 17
Sich selbst erfüllende Prophezeiung, 25
Sie-Orientierung, 29
Sie-Standpunkt, 73, 74
Social Media, 101
Soziales Netzwerk, 101

Sachverzeichnis

Spitzenverkäufer, 32–34
Streicheleinheit, 30
Sympathiefaktor, 13
Synergieeffekt, 34

T
Tagespresse, 4
Telefonakquise, 89
Telefonmarketing, 1, 2
Termin mit Empfohlenen, 87, 89
Terminvereinbarung mit Empfohlenen, 88
Türöffner, Empfehlung als, 7

U
Überzeugen, 10
Unsinnigkeitsmethode, 79
  Beispiel, 79
Unternehmen (Verkäufer verkauft), 14

V
Verhaltensberuf, 32
Verhältnis zwischen Empfehlungsgeber und Empfohlenen, 55
Verkäufer, 13
Verkäufer (verkauft sich selbst), 13
Verkäufer-Kunden-Beziehung, 28
Verkaufsgespräch, 13
Verkaufsphilosophie, 95
Vermehrungsprinzip, 60
Vermittlungsprovision (Einwand), 85
Vertrauensbonus, 11
Vertrauensbruch, 90
Visualisieren, 64
Vitamin E, 25, 105
Vorverkauf, 11
Vorwand, 68, 69
Vorwanddiagnose, 69

W
Weitblick, 34
Weitergabe von Adressen (Einwand), 82
Wettbewerbsvorteil, strategischer, 34
W-Fragen zur Empfehlung, 49
Widerstand, 67
Wunsch nach Anonymität (Einwand), 82

Z
Zeitpunkt der Empfehlungsfrage, 38
Zeugenumlastung, 10
Zielgruppenanalyse, 102
Zufriedenheit, 16, 17
Zufriedenheitsbekundung, 17
Zukunftsweisende Methode, 41
  Formulierungsvorschlag, 43
  Phase, 41, 42

Der Autor

Klaus-J. Fink, der studierte Jurist, sammelte sechs Jahre praktische Erfahrungen im Verkauf von steuerbegünstigten Immobilien und Kapitalanlagen. Seit mittlerweile mehr als zehn Jahren gilt er als deutschlandweit anerkannter Erfolgstrainer für Telefon- und Empfehlungsmarketing. In der Finanzdienstleistungs- und Immobilienbranche wird er von vielen als die Nummer eins in Sachen Neukundengewinnung angesehen.

Im Jahr 2001 wurde ihm der „Excellence Award" für herausragende Trainingsleistungen verliehen. Im Jahr 2002 erhielt er die Auszeichnung zum „Trainer des Jahres 2002". Außerdem ist Klaus-J. Fink Expert Member im Club 55, einer Vereinigung der besten Verkaufstrainer Europas. Klaus-J. Fink ist Dozent bei der Wirtschaftsakademie Köln sowie der European Business School im Rahmen der Ausbildung „Certified Financial Planner" (CFP). Er ist Buchautor und Herausgeber von Video- und Audiotrainings. Gleichfalls bei Gabler erschienen sind seine Bücher „Bei Anruf Termin", „Vertriebspartner gewinnen" und „888 Weisheiten und Zitate für Finanzprofis".

Wenn Sie Kontakt mit dem Autor aufnehmen möchten, wenden Sie sich bitte an:
Telefonakquise und Empfehlungsmarketing
Klaus-J. Fink
Im Musfeld 7
53604 Bad Honnef
Telefon (0 22 24) 8 94 31, Telefax (0 22 24) 8 95 20
Homepage: www.fink-training.de
E-Mail: info@fink-training.de